南京古文明概览

祁海宁　杨平平　编著

南京出版社

图书在版编目（CIP）数据

南京古文明概览 / 祁海宁, 杨平平编著. -- 南京 : 南京出版社, 2023.2

ISBN 978-7-5533-4043-2

Ⅰ. ①南… Ⅱ. ①祁… ②杨… Ⅲ. ①地方文化 - 文化史 - 南京 - 古代 Ⅳ. ①K295.31

中国国家版本馆CIP数据核字（2023）第012860号

封面用图 北阴阳营遗址考古发掘现场

书　　名 南京古文明概览
作　　者 祁海宁　杨平平
出版发行 南京出版传媒集团
南 京 出 版 社
社址：南京市太平门街53号　　邮编：210016
网址：http：//www.njcbs.cn　　电子信箱：njcbs1988@163.com
联系电话：025-83283893、83283864（营销）　025-83112257（编务）

出 版 人 项晓宁
出 品 人 卢海鸣
责任编辑 刘　娟
装帧设计 赵海玥
责任印制 杨福彬

制　　版 南京新华丰制版有限公司
印　　刷 南京工大印务有限公司
开　　本 787毫米×1092毫米　1/32
印　　张 3.625
字　　数 51千
版　　次 2023年2月第1版
印　　次 2023年2月第1次印刷
书　　号 ISBN 978-7-5533-4043-2
定　　价 20.00元

用微信或京东
APP扫码购书

用淘宝APP
扫码购书

目录

前言

原者，初也。原始时代是人类社会发展的最早阶段。人类出现，原始社会随之产生。至阶级和国家出现，原始时代才告结束。世界上几乎所有的民族和宜居的区域都经历过原始时代，只是存在的时间各地参差不一。若以目前发现年代最早的重庆“巫山猿人”和湖北恩施“建始猿人”起算，至公元前2070—前1600年夏代建立，我国可知的原始时代长200余万年。江宁汤山 “南京猿人”化石的发现，将南京地区人类历史明确提至距今50万年。南京地区进入阶级社会并出现国家，如以“太伯奔吴”为标志，大约在公元前十一世纪的商末周初。因此，南京地区的原始时代大概从距今50万年前延续至距今3100年左右。原始社会没有文字和文献记载，故而又称为“史前时期”。在这一阶段，石器是人类最主要的生产工具。根据石器制作水平的不同，通常分为“旧石器时代”和“新石器时代”。

走出原始时代之后，人类社会即进入了原史时代。“原史”的概念最初兴起于西方，近年来被引入中国，它指介于史前与历史两大阶段之间的过渡时期。原史时代的特点是：虽然出现了文字材料，但很稀少，甚至还没有完全破译，只能提供较为有限的历史信息。商代晚期至西周时期，甲骨文和金文陆续出现，中国有了明确可靠的文字记录。不过这一时期的文字材料主要发现于黄河流域，数量也极少。商代至西周时期是学术界公认的典型的原史阶段。此外，由于殷墟发现的甲骨文已是相当成熟的文字体系，因此学者大都推测先商而立的夏代很可能已经出现了文字；而东周时期黄河流域的文字记载虽然越来越丰富，但在我国的其他地区文字材料仍然相当有限。因此，夏、商、周三代从整体上可看作是中国的原史时代。

无论是原始时代，还是原史时代，考古学

都发挥了探寻物证、揭秘历史进程的关键作用。本书以南京地区历年来的重要考古发现为基础，简要而系统地介绍南京先民从远古至东周筚路蓝缕、开辟山林、泽被后世的创业历程。南京的原始和原史阶段虽已远去，但是它们并未湮没。随着南京考古工作的不断深入，六朝古都的源头和走过的道路将会日益清晰。

第一章　旧石器时代的南京先民

距今300万—1万年，人类从古猿向现代人缓慢进化，艰难跋涉。这一过程，大致经历了能人、直立人和智人三个阶段。从猿到人的过程，是人类文化发展历程的初始期，因使用打制石器作为最主要的物质文化标志而被称为“旧石器时代”。从20世纪50年代开始，经考古学家调查，在南京境内先后发现古人类化石和旧石器地点多处，分布于长江以北的浦口、六合和长江以南的江宁、高淳、溧水等多个辖区，从而揭示出南京最早先民活动的重要线索。南京是江苏目前唯一发现直立人和智人两个阶段古人类化石的地区。其中，汤山葫芦洞出土的直立人头骨化石不仅是南京人类历史的源头，对于整个人类起源和演化研究都具有十分重大的意义。溧水神仙洞发现的古人颞骨化石是晚期智人的重要代表，该洞出土的陶片是江苏迄今为止发现的年代最早的陶片，把江苏制陶的历史提前至距今1.1万年。

第一节 汤山发现最早的“南京人”

汤山社区位于南京主城以东约28公里处，隶属于江宁区。境内西、南部分布着一条东西走向，长约5.5公里的山地，总称汤山。汤山地区喀斯特地貌发育完善，溶洞众多，为远古人类的生存和各种化石的保存提供了较为理想的环境。葫芦洞位于汤

葫芦洞考古发掘现场

山西段雷公山西北部的山腰处，1990年由当地村民开山采石时发现。洞全长约64米，平均宽度25米，面积1800余平方米，因其东、西两端较宽，中部略窄，形似葫芦而得名。

1993年3月13日，当地民工在葫芦洞南侧下方的一个小支洞中发现一具头骨化石，即南京人1号头骨化石。当年4月17日，民工在大洞与小洞之间的巷道沉积中又发现一具头骨化石，即南京人2号头骨化石。同年12月至次年1月，由南京市博物馆联合北京大学，对出土头骨化石的小支洞进行考古发掘，又发现一枚古人类臼齿化石和2000余件脊椎动物化石。

南京人1号头骨化石属于一位21—35岁的壮年女性。其形态具原始性，骨壁厚，整个头骨尺寸较小、颅容量小、眶上圆枕、枕骨圆枕等特征都与北京直立人较为相同，被命名为“南京直立人”，简称为“南京人”。今天，我们对古人类遗存年代的判断基本上靠的是自然科学，会受到方法、材料对象等因素的影响，判断略有差别，根据研究者综合分析，学术界比较倾向于将其年

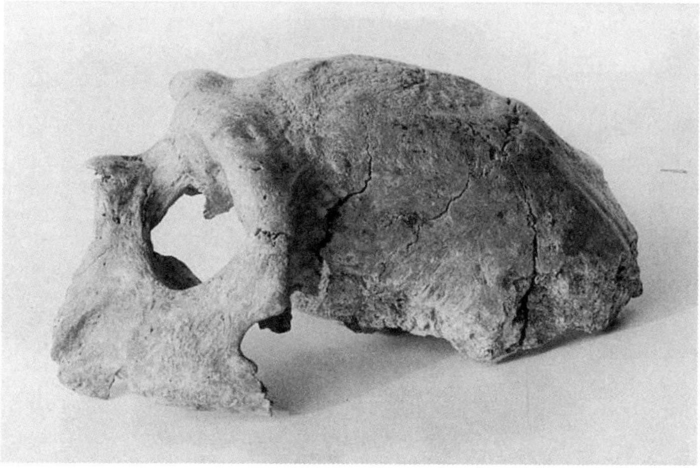

南京人 1 号头骨左视图

代定为距今50万—35万年。

南京人2号头骨化石仅保存有脑颅顶盖左半的大部分和右半上部的一部分，可能属于一个30—40岁的壮年男性，形态上具有直立人和早期智人的双重特征，可能处于直立人向智人的过渡阶段，也可能是早期智人的代表。2号头骨化石的年代经不同的方法测定，虽有距今33万—18.3万年和距今50万—24万年之说，但有一点是一致的，就是2号头骨化石比1号头骨化石要晚。

葫芦洞小洞中还发现的1枚古人类牙齿化石，经

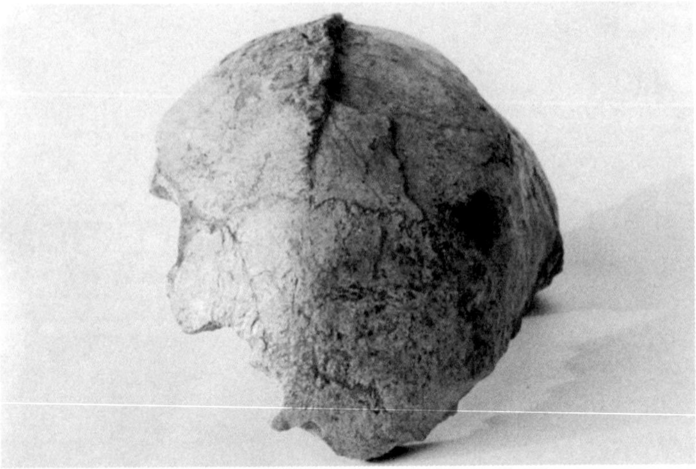

南京人 2 号头骨顶视图

研究属于一个20岁左右智人个体的右侧上颌臼齿。

葫芦洞内出土与南京直立人同生的“汤山动物群”化石数量十分丰富，包含棕熊、黑熊、中国鬣狗、中华貉、狐、南方猪獾、李氏野猪、肿骨鹿、葛氏斑鹿、剑齿象、马铁菊头蝠、变异仓鼠、似小林姬鼠等哺乳动物6目15科22属24种，总体上却与周口店北京直立人第一地点动物群相当，主要为耐冷型的北方动物，而缺少喜湿热的南方动物种类，这表明南京直立人生存的环境较为寒冷，处在一个影响很大的寒冷期或冰期之中。

汤山葫芦洞因同时发现多枚古人类头骨和牙齿化石，涉及直立人和智人两个发展阶段，以及大量动物化石，成为与北京周口店齐名的我国古人类与古生物学研究的关键地点。南京人1号头骨化石的发现，把江苏有人类活动的历史提前到距今50万年以上，对于我国人类起源和演化的研究具有极为重要的价值。葫芦洞中未发现石质或骨质工具，说明这里并非南京直立人生活的主场所，而可能是偶然进入。2011年，南京市考古工作者又对葫芦洞周边地区进行了一次较为全面的考古调查。调查确认，在汤山和周边的阳山、青龙山、伏牛山等地至少存在26个大小溶洞，部分溶洞中已经发现有动物骨块化石。这些溶洞的存在和相关线索，有力地证实汤山一带确为南京古代适宜人类生存和活动的区域，这里可能还会有关于远古人类和旧石器文化的埋藏等待发现。

2019年，毗邻南京猿人出土地葫芦洞，江宁区建成了江苏江宁汤山方山国家地质公园博物馆，成为南京地区了解地质知识，探索祖先奥秘的一处文化旅游好去处。

“南京人”化石发现地点现已建成
江苏江宁汤山方山国家地质公园博物馆

第二节　最早使用陶器的江苏先民：溧水神仙洞晚期智人

神仙洞位于南京市南部溧水区白马镇回峰山的西北坡，洞穴系地下水沿裂隙在石灰岩山体中溶蚀而成。1975年，工人们在采石过程中发现此洞穴，并采集了相当数量的动物化石，但溶洞的主体在采石过程中被破坏，仅剩西南部的一个支洞。1977年，中国科学院古脊椎动物和古人类研究所、南京地质陈列馆和南京博物院等单位联合对神仙洞支洞堆积进行了清理，从中发现1块人类颞骨化石，这是江苏境内最早发现的古人类化石；同时还发现最后鬣狗、棕熊、麝鼹、仓鼠、豪猪、貉、狗獾等19个种类的动物化石。更为幸运的是，在清理的最后阶段，出土1块距今一万多年的小陶片。

溧水神仙洞遗址发现的距今 1 万年前的陶片

神仙洞发现的古人类化石为人类右侧颞骨，保存状况不佳，可能属于一个年轻个体，性别难以判断。从对化石的鳞部、乳突部、岩部、鼓板、耳孔等部位的详细观察和测量的结果看，其大部分特征均与我国晚期智人的材料及现代人近似，而与直立人有明显的差别，因此神仙洞人属于晚期智人。神仙洞人生存的年代，由中国社科院考古所利用碳-14方法，对洞内上部堆积中发现的炭屑进行检测，得出的数据为距今（11200 ± 1000）年。

神仙洞出土的陶片，发现于距地表40厘米深的洞穴堆积中，呈不规则的长方形，残存个体很小，仅有一张普通邮票大小，长2.7厘米、宽1.8厘米、厚0.5厘米。陶片质地为泥质红陶，质松多孔，硬度不高，陶片表面为黑褐色，平整，内面为橘红色，粗糙不平，从其断面观察，可见由表面的黑褐色逐渐变为内面的橘红色，烧成温度低，不到900℃。神仙洞陶片发现之初，由于制作年代超过1万年，曾经引起过怀疑。但是随着距今9000年以上的早期陶器在全国多个遗址如江西万年仙人洞、湖南道县玉蟾岩、广东英德牛栏洞、广西桂林甑皮岩、浙江嵊州小黄山、北京怀柔转年、河北徐水南庄头等陆续被发现，神仙洞陶片对于江苏文化史的意义越来越凸显。

陶器是史前时代人类最伟大的发明之一，制

作和使用陶器意味着人类懂得了将水、火、黏土等不同物质有机地结合起来，创造出改变原料性质的新物品。学会烧制陶器或许是人类对化学变化最早的有意识的应用，是具有划时代意义的大事。距今1.8万—1万年，在全世界范围内，陶器制作、原始农业、定居生活、磨制石器纷纷开始出现，人类在从旧石器时代向新石器时代伟大地迈进。在此过渡阶段，陶器的发明是人类物质文明发生质变的一项重要指标，具有里程碑的意义。神仙洞陶片的年代正处于这一关键时期，虽然神仙洞遗址大部分遭到破坏，仅发现1枚陶片，未发现古人生产、生活的更多证据，但是该陶片的出土将江苏陶器出现的历史提早至距今1.1万年左右，在全国星星点点出现的早期陶器群中，代表江苏发出了宝贵的光芒。根据这1枚陶片，尚无法判断神仙洞人是否已经进入新石器时代，但是有理由相信，他们已经临近这道门槛，很可能是最早看到新石器时代曙光的江苏先民。

第三节　南京及周边地区发现的其他旧石器时代遗存

除了汤山葫芦洞和溧水神仙洞两处发现古人类化石的地点之外，通过调查和发掘，考古学家在南京及相邻的周边地区发现多处旧石器时代遗存，大致可分为三个地点群：

第一，江北浦口沿江旧石器地点群。浦口境内有老山自东北向西南横卧，山地两侧分别是几乎平行的长江和滁河。老山山体由晚震旦纪白云岩构成，早侏罗纪时沉积了一套以长石石英砂岩为主的沉积物，在自然风化和河流切割等多重作用下，为古人类制造石器提供了丰富的原材料。2000年3月，南京博物院考古研究所对江浦进行的专题调查中，在浦口林山乡、陡岗乡和桥林镇发现旧石器地点五处，采集到石制品37件。

五处旧石器地点均位于老山南侧的黄土岗地上，属于古长江的冲积平原，与侏罗纪石英砂岩的分布区吻合。石器地点东距长江最近者仅100米，远者约5000米。采集石制品数量最多的胜利地点共采集了31件，其中地庵地点3件，五七、高楼、勒马三处地点各1件。采集到的石制品包括石核16件、石片9件、断块4件，还发现8件工具，包含6件砍砸器、1件刮削器和1件石球。

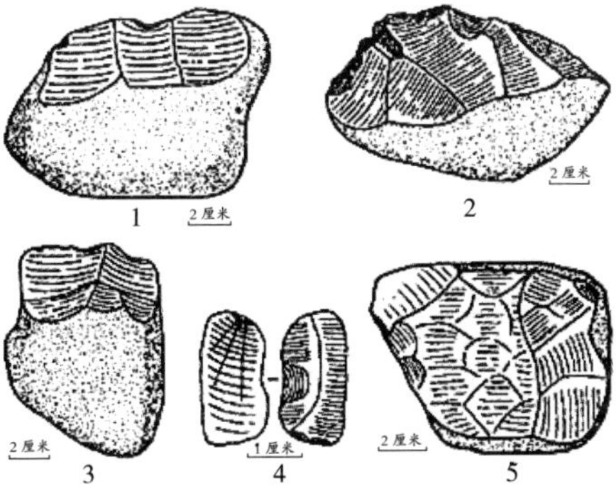

1. 直刃砍砸器　2. 凸刃砍砸器
3. 端刃砍砸器　4. 刮削器　5. 石球

南京浦口发现的部分旧石器

浦口发现的这批旧石器全部捡自地表，没有发现伴生的哺乳动物化石，缺少确切的地层关系和直接的时代证据。但是根据石制品表面浸染的土色和胶结的碳酸钙推断，出自下蜀黄土层，与句容、金坛等地发现的旧石器地点群时代相同，距今约35万—16万年，属于旧石器时代早期。

第二，南部水阳江旧石器地点群。发源于天目山脉的水阳江，是长江下游的一条重要支流水系，它沿东南—西北方向穿越皖、苏两省的绩溪、宁国、宣州、高淳、当涂、芜湖等地，向北注入长江。水阳江两岸旧石器时代遗存丰富。20世纪80年代末，考古学家在水阳江中上游的安徽境内，先后发现16处旧石器地点，分布在两岸海拔30—100米的岗地和冲积扇上。2000—2001年，南京博物院通过考古调查，又在水阳江下游南京高淳境内的下坝镇新闸村、椏溪镇上顾村和栏岗村，以及漆桥镇联合村发现4处旧石器地点，采集到石制品9件，包括7件石核、1件尖刃器、1件石球。水阳江旧石器地点群中，最具代表性的是位于安徽省宣州市向阳乡的向阳地点，1988年由安徽省文物考古研究所进行发掘，取得重要收获。在砾石层之上厚达11米的堆积中，获得了70余件石制品，以较大型的砍砸器为主，地质时代从中更新世至晚更新世，绝对年代初步测定为距今90万—15万年。

第三，东部茅山—宜溧山旧石器地点群。茅山、宜溧山位于镇江和常州等市境内，与南京虽无行政隶属关系，但是宁镇一带山水相连，空间抵近，内在的文化联系无法割裂。2000年前后，南京博物院通过调查，在这一区域发现12处旧石器地点，包括句容的陈塘庙、放牛山、塔子塘，金坛的东沟、东窑、丽东、曙光、和尚墩，溧阳的九条岗、上沛，丹徒的湾码头和宜兴的九岭，其中放牛山与和尚墩两处地点经过了考古发掘，文化面貌与年代测定在江苏旧石器时代遗址中最为清晰。放牛山地点位于茅山北麓、句容市东南部，1999年发掘面积300平方米，获取石制品54件，包括石核、石片、砍砸器、刮削器、石球、镐、薄刃斧、雕刻器等。石制品出自下蜀黄土层中，地质时代为中更新世中晚期，经电子自旋共振法测定，绝对年代为距今45万—21万年。和尚墩地点位于茅山东南麓、金坛市西部，2002年和2005年由南京博物院等单位进行了两次发掘，发掘面积500平方米，发现了最大厚度达6.2米的旧石器时代文化层、150平方米大小的石器制造场和6

个砾石原料堆，出土390余件石制品。和尚墩地点石器的年代，考古学家综合运用多种测年方法，得出结论为距今60万—13万年。另外，与它相距约1.5公里的曙光地点，虽未发掘，但仅从地表采集就发现160余件石制品，文化堆积的厚度和面积还要大于和尚墩地点。

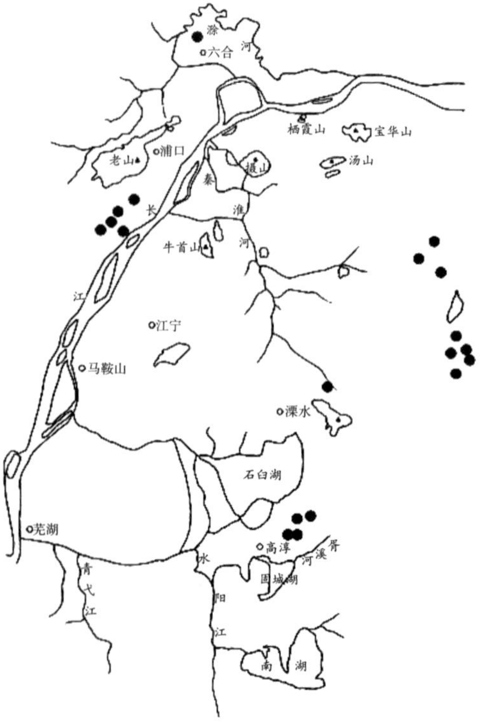

南京及附近地区旧石器地点分布图

南京及其周边发现的这三个旧石器地点群，它们时代相近，都属于旧石器时代早期遗存。制作石器的原料、方式、器形特点等方面基本相同，均属于中国南方的砾石文化传统——原料多为砾石，岩性主要为石英砂岩和石英岩，硅质岩、灰岩、砾岩、隧石等占比较小；石器制作方法简单，主要使用锤击法，制作石球等工具时可能用到碰击法；砍砸器在工具中占比最高；石器的器形比较粗大厚重，未经加工即使用的石片占一定比例，等等。因此，这三个旧石器地点群虽然位于南京的不同方向，但代表的是同一个大时代下、具有相同文化面貌的原始先民。

在三个地点群中，位于东部的茅山—宜溧山遗址点分布最为密集，放牛山、和尚墩、曙光等地点发现的石制品数量也明显高出其他地点，说明这里很可能是旧石器时代早期宁镇地区古人类活动的一个中心。茅山地点群距离汤山葫芦洞的直线距离仅约30公里，两者的时代基本契合，意味着最早的南京直立人很可能活动于汤山—茅山一带。同样，江北浦口旧石器地点群与安徽和县直立人化石的发现地相距也仅有25公里左右，时代同样契合，两者之间的联系也早为学界关注。

总体而言，南京旧石器时代文化在全省，乃至全国占有重要地位。旧石器时代早期和晚期的古人类化石和遗址都有发现，但是距今10万—5万年属于旧石器时代中期的古人类遗存尚属空白，有待于进一步的发现与研究。

第二章　新石器时代南京的聚落分布与文化面貌

新石器时代大约从距今1万年前开始，最迟延续至距今2000年左右。人们开始定居生活，磨制石器成为最主要的生产工具，陶器是最主要的生活用具，农作物栽培、禽畜驯养较为普遍，狩猎、采集、捕捞活动慢慢退居次要地位，同时伴随着纺织、制陶、制玉等活动，文化面貌有很大改变。

新石器时代的南京，在秦淮河、金川河、胥溪河、长江、滁河等主要流域生活着不少人群，他们分布范围广，相互之间交流频繁，共同创造了丰富多彩的南京史前文化。鼓楼北阴阳营、高淳薛城和朝墩头、江宁太岗寺、江浦牛头岗和营盘山、六合羊角山等重点遗址的发掘，使南京地区新石器时代的时空框架得以初步建立，新石器时代文化面貌逐渐清晰。

第一节　逐水而居的聚落分布格局

南京地区新石器时代聚落大都为高出地面的台型遗址，往往分布于河湖水系周围。20世纪50年代以来，在秦淮河、金川河、胥溪河、滁河，以及长江两岸等南京主要水系流域，通过考古调查发现了众多重要的新石器时代文化遗址，逐水而居的聚落分布格局得到清晰呈现。

秦淮又名淮水、龙藏浦，是南京地区除长江之外的第一大河，流经区域北至宁镇山脉西段的紫金山，东至茅山山脉，大小山脉岗峦起伏，岗与岗间形成一个个小山沟，分布着众多史前至先秦遗址。1979年发掘的昝缪（昝庙）遗址，是秦淮河流域新石器时代文化的重要代表。

金川河为南京城北的重要水系之一，发源于鼓楼岗和清凉山北麓，南与玄武湖湖泊相通，下游流经宝塔桥入长江，纵贯南京城区北部。该河今名虽来源于明代金川门，但自史前开始，就有先民在此流域活动和居住，著名的北阴阳营遗址就分布于该河东岸。

胥溪河位于南京最南部的高淳区境内，古称“中江”。它西经固城湖、石臼湖通长江，东接荆溪入太湖，是沟通长江与太湖流域的重要交通线，为史前先民在此居住通行提供了良好条件。在胥溪河一线发现该区最早的新石器时代遗址——薛城遗址，在胥溪河与固城湖交汇处发现的朝墩头则是新石器至东周时期的遗址。

滁河古称涂水，唐代改名滁河，沿用迄今。滁河西源出肥东县梁园镇，流经安徽北部和南京浦口区、六合区，于六合区瓜埠镇以东的大河口注入长江。因其处于长江和淮河流域的过渡地带，古文化面貌兼有江北和江南的双重特征，经过考古发掘的江浦牛头岗和六合羊角山遗址为其代表。

长江沿西南—东北走向横穿南京而过，两侧分布着流域滨水平原，孕育了众多史前文化遗存，从旧石器时代开始就有先民在这一区域活动，到新石器时代，依然如此，代表性的有南岸西善桥太岗寺遗址、北岸浦口营盘山遗址。另外，在安徽长江流域的芜湖、当涂等地区分布的新石器时代文化遗存，其文化面貌与南京地区也极其相似。

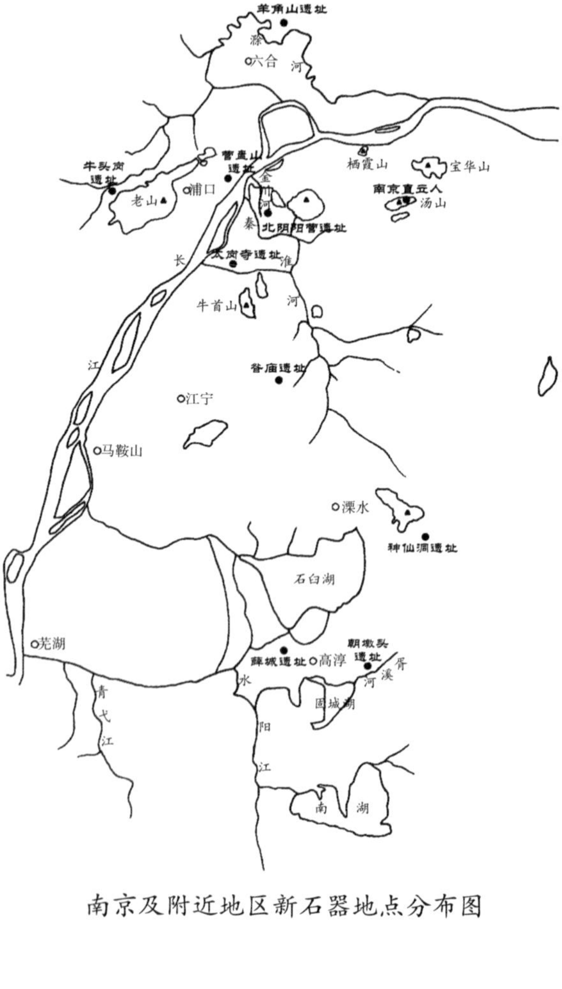

南京及附近地区新石器地点分布图

第二节　不同分区的新石器中晚期文化

在南京地区，距今1万至7000年的新石器时代早期文化遗存尚属空白。目前最早的新石器时代文化遗存分别为位于主城区内的北阴阳营遗址和位于高淳区的薛城遗址，最早距今约6000年，属新石器时代中晚期遗存。

不同地理位置和格局形成不同文化面貌，南京新石器时代文化遗存按地理位置与文化面貌可分为中部主城区、高淳胥溪河流域区和长江以北区。中部主城区包括北阴阳营遗址、昝缪和太岗寺遗址，高淳胥溪河流域区包括薛城遗址和朝墩头遗址，长江以北区包括浦口老山附近的营盘山、牛头岗遗址和六合羊角山遗址。

一、主城区的聚落遗址

北阴阳营遗址　北阴阳营遗址位于今鼓楼岗以西的南京大学北部岗地上，是一个圆阜形土墩，面积约7100平方米，金川河自南向北流经其西侧。1955—1958年，考古人员共进行了四次发掘。北阴阳营遗址从新石器时代一直延续至商周时期。新石器时代的聚落延续了近500年，距今6200—5700年，文化面貌在宁镇地区具有典型性，故被称为“北阴阳营文化”，根据文化面貌特点，可分为四期。

第一期文化遗存仅有少量陶器、陶片和石器，第二期墓葬遗存为北阴阳营文化的主体遗存，墓葬随葬品按物品的功用可以分为生活用具、生产工具、装饰品、自然遗物等几类，有陶器、石器、骨器、玉器、动物骨骼等。

从大量遗物分析可知，农业经济占有重要地位，作为最主要的生产工具，石器文化也大放异彩。农业经济在北阴阳营早期居民的生活中占有越来越重要的地位，特别是第二期文化的居民，生活资料的来源主要来自农业经济。当时，人们进行农业生产的工具以石锛、石斧等为主。第一期文化的石器较少，第二期文化石器制作兴盛起来。在北阴阳营遗址的墓葬中出土1580件随葬品，其中石质生产工具有554件，比陶器生活器皿数量还多，其中石锛290件，穿孔石斧142件，其他的还有刀、凿、磨盘、杵、砺石、磨石、纺轮等。数量较多，样式多样，同一种工具存在不同的样式，如石锛有常型、条形和有脊三种型式，石斧有扁舌形、长方形、椭圆形、圆角三角形等多种型式。制作精细，大多为磨制，制作经选材、打割、修琢、磨光、穿孔等多个步骤，穿孔用“管钻法”，穿孔石斧、穿孔石刀尤其精良，特别是七孔石刀。原始农业盛行，先民才大量制作农业生产工具，而对工具型式多样性的追求，应该是为满足不同生产作业而对工具的不同要求，说明先民们在农业生产上开始精细化。

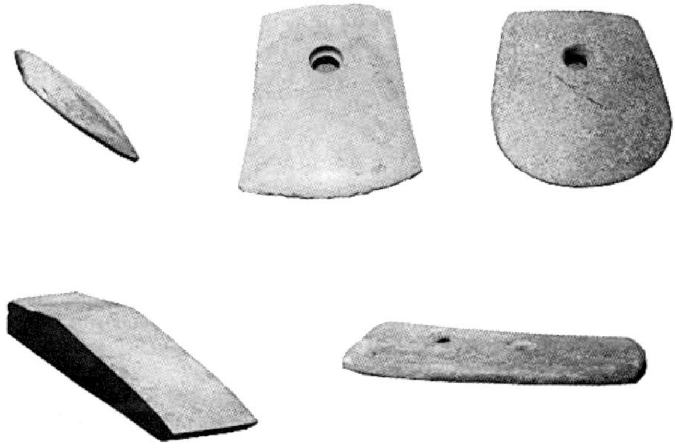

北阴阳营遗址出土石器

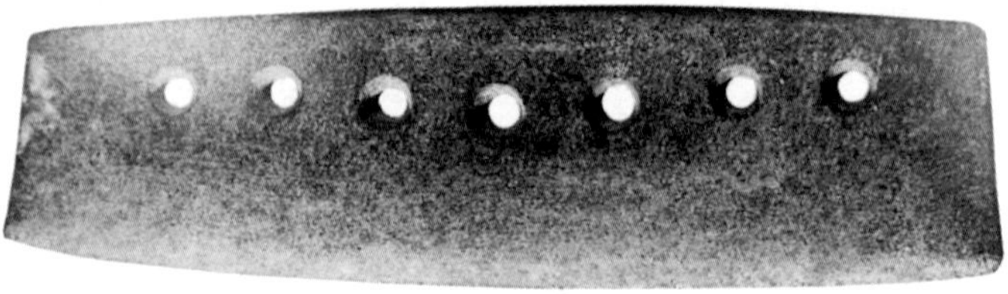

北阴阳营遗址出土七孔石刀

先民在进行农业生产的同时，平时也会捕猎打渔，来满足生活多方面需求。人们用石球、石镞等狩猎工具猎捕鹿、野猪等野生哺乳动物，偶尔也可猎获水獭等动物，用渔网或直接捕捞鱼类、鼋类、螺等水生动物。北阴阳营遗址中出土了鹿、水獭、鱼、鼋的骨骼，猪骨中的老年标本也可能为野猪。

作为最主要的生活用具，北阴阳营这一阶段的陶器文化也已较为繁盛。第一期文化陶器多为夹砂红陶，典型代表是腰檐釜和鸡冠耳罐。第二期文化是该聚落发展最为鼎盛时期，陶器文化内涵最为丰富，有夹砂红陶、夹砂灰陶、泥质红陶、泥质灰陶。不同功能的器形在陶质上也有讲究，其中炊器类全为夹砂陶，其余绝大部分为泥质陶。陶器器类、器形呈现多样化，先民们制作鼎、盉等器用于炊煮，豆、碗、盆、钵、罐、壶、杯等用来盛食或盛水，纺轮用于纺织，此外还会专门制作一些形制很小且很粗率的泥质鼎、罐、尊、豆等器作为给死人随葬的“明器”。部分器类在形制上变化也较为复杂，如陶豆按形制就可分为16型，仅豆盘就有如圆腹钵形、宽折缘钵形，盘口有折缘、敛口、直口浅筒式等等，足部也有高喇叭形圈足、矮喇叭形圈足、常型圈足等，柄也有粗细之分，有的柄部中间呈腰鼓形，在豆盘、柄部、足部等还有各种圆形或三角形镂孔、箍状凸棱等样式；鼎也可分为8型，仅器盖钮部就有环钮、鸟形钮、角状钮、菱角形钮、五瓣花型钮、杯形钮等多种型式。陶器的制法一般为手制，然后经过慢轮修整，陶制工具可见陶拍、陶支座等。器表以素面为主，也有其他装饰性纹饰，如鼎、盉等夹砂陶器常装饰弦纹、附加点纹或竖条形压印纹，其他装饰乳丁纹、附加堆纹、花瓣形压印纹，鼎足上往往加捺窝、乳突和划纹。泥质陶器常见弦纹，主要饰于罐的腹部和圈足器的柄部。北阴阳营早期先民还制作少量的彩陶和红衣陶，彩陶主要见于鼎、盉、碗、钵、盆等器，所施颜色一般为红、黑、白三色，间有褐色和橙黄色。先民在陶器表面往往先施一层白衣或红衣，然后绘彩。一般陶器彩绘多施于外壁，最常见的纹样是在口、腹、圈足等部位绘1—3周红色或黑色宽带纹，个别加绘连续的菱形网格纹。钵形器的彩绘多施于内壁，有宽带纹、

北阴阳营遗址出土陶器

北阴阳营遗址出土陶豆

北阴阳营遗址出土彩陶

“X”形纹、“＋”字纹、网格纹、卷曲纹、圆圈纹等。

北阴阳营先民制作较多的玉器，种类众多，流行璜、玦、管、坠、镯、泡、珠等器类，以璜和玦数量最多。另还有与玉器媲美的石质装饰品，如绿松石、花石子，北阴阳营墓葬随葬用花石子，即今天所称的“雨花石”，应该是人们有意识地从它地采集而来。骨角牙器一般作为饰品、工具或其他特殊用具等，如簪、玦、镞等。另北阴阳营墓葬中有

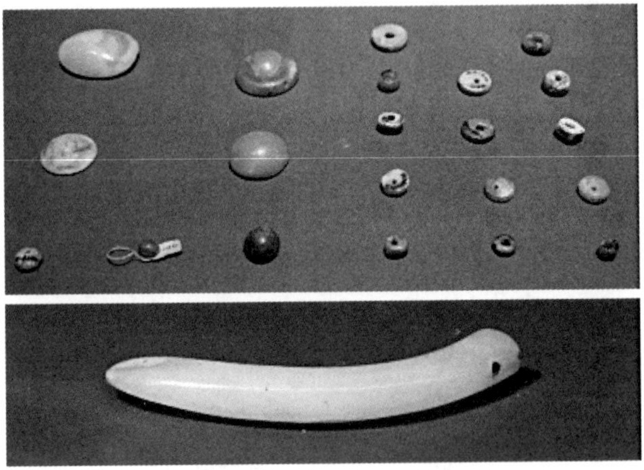

北阴阳营遗址出土玉制品

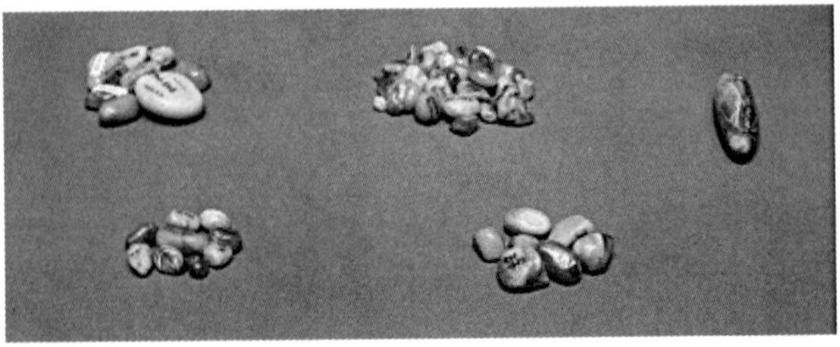

北阴阳营遗址出土花石子

刻纹猪獠牙4件，弯曲如新月，系截取猪獠牙的牙冠部分制成，其中一件长11厘米以上，中部刻有三周凹槽，这种精致加工的猪獠牙器可能有某种特殊意义。

北阴阳营先民采用的是简陋的地面建筑，平面呈长方形，屋内地面可能为了防潮加以焙烤，墙壁和屋顶则用竹木等植物杆茎构成框架，然后再涂抹草拌泥建成。

北阴阳营早期先民安排与居住区分开的集中墓葬区，墓葬成群分布，有基本相同的葬式和相对一致的朝向。墓葬间屡有相互叠压关系，说明墓葬区的使用可能延续了较长的时期，表明了人们对于氏族公共墓地的关切和精心安排代代相传，成为氏族社会血缘纽带的象征。整个社会为财富分配相对公平和生产资料公有制的母系氏族社会，随葬品数量大致相当，没有出现男女合葬。

到了北阴阳营文化晚期，不同的人群在之前聚落废弃之后重新开辟居住。第三、四期文化人群所用陶器已大不相同，以灰陶为主，红陶较少，以鼎、豆、罐、盆、壶和鬶等为主，第二期文化居民常用的碗、钵、平底盉、平底罐和各种彩陶器等，此期已基本绝迹。石器工具已缺少多样性，穿孔石斧已演变为扁平长方形，石锛也只有常型一种；墓葬随葬品中玉石饰品已属罕见之物。此阶段物质文化一方面已不见前期的繁荣面貌，有渐趋衰落的迹象，但另一方面又出现了新的文化因素，不断受到东南太湖地区、北方徐淮地区和西部安徽地区文化的强烈影响。

昝缪与太岗寺遗址 新石器时代晚期，在南京城区与北阴阳营晚期文化几乎同时的还有江宁昝缪和西善桥太岗寺遗址。

昝缪遗址北距主城约50公里，这里有一群起伏的小丘，名为狮子山。在狮子山北面，远古时代就有一条小河，养育了生活在其北岸的史前人群，其遗存即昝缪遗址。该遗址为一典型的台形遗址，周围是水网平原地貌，呈东西不规则长条形，南京市文管会、南京市博物馆于1975年、1979年两次对该遗址进行了小规模试掘。昝缪遗址延续时间较长，只有早期文化层年代属于新石器时代晚期。

昝缪早期先民制作的陶器有夹砂红陶、泥质灰陶和磨光黑陶等。夹砂陶大部分还是作为炊器，其中一类羼夹粗砂粒，另一类以植物茎叶等碎片为陶土的羼和物，陶质疏松，含大量孔隙。泥质陶主要还是盛器，有罐、盆、豆、壶、器座等。昝缪居民制作的陶器中以平底、圈足、三足器为多，口沿多做成圆口，器物上还会有一些附件，如角状把手、宽环耳、扁条耳等。器物装饰以素面为主，或饰有附加堆纹、弦纹、绳纹，或饰各种压印纹、刻划纹，如捺印凹窝、戳印种子纹、刻划短条纹，还有镂刻圆形、三角形、弧边三角形、菱形等纹饰。其中，陶鼎足的型式较多，有短横扁形足、舌状鱼鳍足、扁三角形足、

昝缪遗址出土陶器

凿形足等，豆多做成盘式，盘下有棱，豆把有凸起，这些因素与北阴阳营居民陶器风格相似。

昝缪先民生活资料来源还是以农业生产经济为主，制作的石质农业生产工具数量较多，器形还是传统的斧、锛、凿、刀等。但这时候的石锛均为常型，体多较厚，磨制而不甚精致，已与北阴阳营早期文化不可同日而语。除此之外，居民们还要开展狩猎活动，为氏族成员提供肉类食物，工具主要是石镞等。镞的形态较为多样，主要有柳叶式、菱形圆铤等。

昝缪遗址出土石器

太岗寺遗址位于今中华门外西12公里的西善桥街道，外观作椭圆形土墩，东西长205米，南北宽102米，旁有一小河自东南流向西北。遗址发现于1957年，1960年江苏省文物工作队在此进行发掘。

石器有锛、斧、刀、凿、砺石、杵、纺轮、球等，石料就地取材，打制后再磨光刃部或部分磨光，小件石器全身打磨，不少石刀与石斧有钻孔，打孔方式依然有北阴阳营文化的传统。石锛大多数呈长方形，少数呈方形，制作粗糙，通体打制，局部磨光，一般仅磨出刃部，有些很不完整，估计是使用后损坏的，或者是利用天然石块及废料略加工后使用的。石斧主要做成扁平椭圆形，其次为扁平圆柱形，制作技术较石锛精细。石锛、石刀、石斧的存在，表明太岗寺先民依然进行农业生产活动。石纺轮作扁平圆形，边缘两面磨光，为纺织工具，除石纺轮处，也使用陶纺轮。砺石发现较多，均为砂岩做成，大多数形状不规则，用其一面或两面来磨制器物。钻孔器1件系用白色砂岩制成，呈圆锥体，底部和周围均磨光，尖端微损，与骨器中的一件骨钻孔器很类似，应该是用来对骨、蚌、石器进行钻孔的。

太岗寺遗址先民制作的陶器以夹砂红陶与

灰陶为主，泥质红陶和灰陶其次，也出现了磨光黑陶，与东南太湖地区良渚文化黑陶很相似，黑胎，外表磨光，有平底器和圈足器等，考古发现的黑陶罐、黑陶杯制作精美，其中一件罐有圈足，在墓葬出土。陶器器形还是以鼎为主，另外就是盛器罐、钵、杯等。

太岗寺居民生活在临河的地方，渔猎活动非常活跃，他们用牛、猪等动物的骨料做成骨针、钩针等工具，针一端有孔，钩针一端有勾，用这些工具编织结网，然后在渔网上安装网坠，制成捕鱼工具。打渔活动活跃还有一个证据，就是蚌器的考古发现。遗址下层出土6件蚌器，其中刀是利用蚌壳的原有形状加以磨光制成，有单孔刀和双孔刀，孔俱一面钻成。狩猎活动还是用传统的镞、球等工具，考古发现不仅有石镞，还有骨镞，另外还利用石球作为投掷工具。遗址中出土的大量兽骨、龟板、蚌壳、螺蛳壳等，都是当时渔猎经济较发达的反映。

太岗寺先民对自身装饰很注重，喜爱制作品种较多的装饰品，如骨笄、玉饰，而且磨制精细，表现出强烈的对美的追求。

房屋建筑延续了北阴阳营文化风格，储物坑、垃圾坑在居住区是常见的配套设施。墓葬多数无随葬品，葬式和随葬品也与北阴阳营新石器时代晚期文化墓葬非常相似。

昝缪、太岗寺与北阴阳营文化在诸多方面具有统一性，如石器以锛、刀、斧等农业工具为主，流行精致且具有文化代表性的多孔石刀。陶器中炊器以夹砂红陶为主，盛器以泥质灰陶居多，陶器器形基本上规整，制作技术有所改善，多为轮制而成。具体的器物腹部常带有上翘的把手或半环形把手，豆的盘上多有一道垂棱，把手上常见一道凸起等，这些地区性的文化特征都表示包括南京在内的宁镇地区的新石器时代的文化是一群和北部徐淮地区或东南太湖地区不同的人群所创造。

二、高淳胥溪河流域的聚落遗址

薛城遗址　薛城遗址位于高淳区淳溪街道薛城村，地处石臼湖南岸，本为一岛形台地。该聚落属于古中江水系，其所处的石臼湖一带，在古代被称为古丹阳湖，或称古丹阳大泽，它汇聚了源于今皖浙交界天目山及皖南山地的水阳江、青弋江、郎川河、漳河等多条水系来水并泻入长江，形成一个地域广袤而又相对独立的地理单元。在沧海桑田变换中，古丹阳湖逐渐淤塞湮没，现在除苏皖交界处的石臼湖、固城湖以及南漪湖为其残存外，其余大部分已变为湖荡沼泽地带甚至圩田。经考古调查，薛城遗址占地面积约6万平方米。1997年，考古工作者在薛城遗址开展了第一次发掘，发现大量新石器时代墓葬、灰坑、房址、灶穴等，出土陶、玉石、骨器等遗物共计600余件；2010年开展了第二次发掘，也有很大收获。遗址文化面貌与城区有所不同，被称为“薛城文化类型”，大致距今5500—6300年。薛城早期文化约相当于太湖区域马家浜文化中晚期，包括下文化层的居住区遗存，中期约相当或早于北阴阳营第二期文化，包含中文化层墓葬遗存，晚期文化层仅出土少量鼎足及残豆柄，文化遗存较少，约相当于太湖区域松泽文化中晚期。

早期先民以渔猎经济为主，人们很少进行农业生产，器物制作以陶器为主，极少见石器、骨器等生产工具。早期文化层堆积中出土了鲤鱼、青鱼、乌鳢、丽蚌、裂齿蚌、中国圆田螺、蓝蚬、中华鳖、鼋等多种水生动物，以及獐等陆生动物肢骨和牙齿等，说明他们的渔猎活动非常活跃。捕捞的水生动物不仅能供日常的食用所需，还会有剩余。他们会挖一个个水池，将一时吃不完的鱼类暂时存养起来，以供需要时食用，薛城遗址残留水生动物骨骼的灰坑底部还有淤泥的现象可以对此予以证明。

中期居民和早期居民可能不是同一群人，他们将早期居民的居住区辟为自己的墓葬区，文化面貌也不同，他们开始以农业经济为主，渔猎经济退居辅助地位，以石器为主要生产工具，与北阴阳营居民一样，以石锛、石斧为主，石器都经通体精磨。另，北阴阳营文化中“管钻法”在薛城遗址发现的穿孔石斧上也得到运用。渔猎经济在中期居民生活中虽然退居到辅助地位，但与北阴阳营第二期文化相比，所起的作用还是较大。在这一期遗址中，仅网坠就发现了16件，表现了经常性的捕鱼活动。

薛城遗址出土石器工具

早期先民制作的陶器有夹砂陶、泥质陶、夹蚌陶，以红陶居多，均手制。一些器物内壁可见泥条盘筑痕迹，器表以素面为主，少量饰有红衣、黑衣，只见极少量弦纹、锯齿状附加堆纹、刻划纹、圆形镂孔和彩绘。流行平底器、三足器、圈足器，极少见圜底器，主要器类有鼎、釜、罐、杯、豆、纺轮、网坠等。陶鼎分罐形和盘形，鼎足以外侧带凸脊的扁铲形最具特色。

中期文化陶器还是以夹砂红陶和泥质红陶居多，有少量灰陶、磨光黑陶，磨光黑陶是较进步的因素。陶器虽以手制为主，但部分已慢轮修整，器表多素面，少量纹饰包括弦纹、戳印窝纹、锯齿状附加堆纹、锥刺纹、圆形镂孔和彩绘等。彩绘陶器器形规整，胎壁较薄，制作精细，一般先于胎上施一层橙黄衣，然后用红、白两色彩绘，因系先烧后绘，绘彩极易脱落。彩绘图案包括弦带纹、宽带纹、网状纹、折线纹等。常见器类有釜、鼎、豆、钵、罐等，以类型多样的平底釜、釜形鼎、筒形罐、三系钵、碗形豆、罐形豆等最为典型，三系、三錾或三组镂孔等装饰风格具有十分鲜明的地域特色。中期文化的115座墓葬也有早、中、晚之别，不同时期墓葬中的随葬品也有所变化，如：彩绘陶器仅见于早段；鼎的数量从早至晚逐渐减少，至晚段已基本不见；釜在三段时期都很流行；等等。

薛城遗址中文化层出土陶器

至晚期，考古发掘仅出土少量的残豆柄和鼎足，所见豆柄施圆形、三角形镂孔，鼎足多为侧装三角形和楔形，足身多饰三角形、圆形戳印窝纹。

薛城先民豢养的家畜有猪、狗等，猪下颌骨、猪牙等还用于随葬。另纺轮和网坠的发现，推测纺织活动也已成为人们日常生活部分，并在捕鱼活动中已掌握了编织渔网技术。

薛城早期先民建造半地穴式房屋，有台阶进出于房屋，分为人居和储物两种，周围还分布着灶坑、垃圾坑、储物坑等生活设施，有的制作较规整，且排列有序，说明在建造时是有规划的。

薛城遗址亦有区别于居住区的集中墓葬区，基本都为单人葬，少量合葬墓，但没有成年男女合葬现象，且墓葬随葬品一般以3—4件居多，体现了母系氏族社会的形态。

薛城遗址的发掘为全面认识古丹阳湖区域原始文化，对进一步认识宁镇山地和太湖流域新石器时代文化有着非常重要的意义。1997年12月，薛城遗址被列为高淳县文物保护单位。2002年10月，薛城遗址被列为江苏省文物保护单位。2013年5月，薛城遗址被列为第七批全国重点文物保护

薛城遗址出土的纺轮

单位，薛城遗址公园也成为南京市民了解该区域原始文化的重要地点之一。

朝墩头遗址　朝墩头遗址在固城湖东约3公里处，南距胥溪河2公里处，遗址呈台形，面积约1万平方米，1989年1月至4月，南京博物院和高淳县文物保护所对其进行了发掘，发掘面积500平方米。

朝墩头先民制作石器主要是石锛、石铲、石斧等农业生产工具，另外还喜欢用环、珠、动物及人形雕刻等小玉器饰品随葬。新石器时代晚期的先民在这里生活了较长的时间，早期陶器以红陶为主，器形有鸭嘴形足鼎、长颈壶、圈足豆、罐、杯等，发展到较晚阶段，陶器以灰陶为主，器形有绳纹鼎、筒状足甗、高柄浅盘豆等。甗是当时一种先进的炊器，上部是无底甑，放食物，下部是鬲，放水，中部置箅，箅上有用来通蒸汽的洞孔，可以蒸熟食物，是中原龙山文化的器物，在这里出现表明朝墩头聚落文化已经受到了龙山文化的影响。

朝墩头遗址是南京高淳地区除薛城遗址之

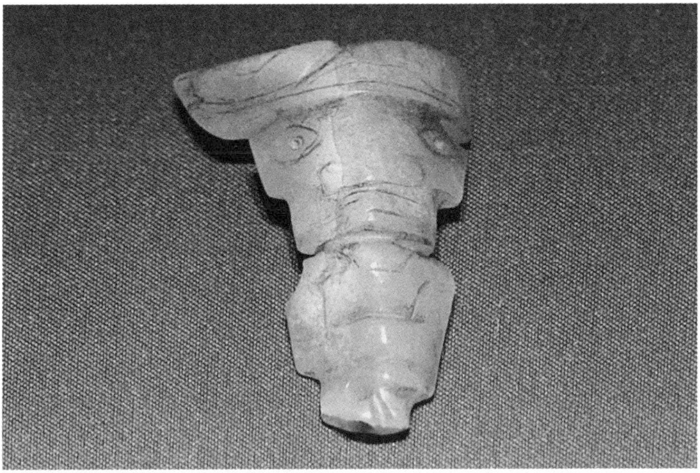

朝墩头遗址出土人形玉雕

朝墩头遗址出土陶鼎

外的另一处典型史前聚落遗存，这里的先民和薛城先民共同谱写了古中江流域新石器时代的人类文化。

三、长江以北的聚落遗址

长江以北经发掘的三处遗址，地处长江和淮河流域的过渡地带，表现的是南北文化交流地带的文化特征。

营盘山遗址　营盘山遗址位于浦口区，南距长江约5公里，是长江北岸沿江丘陵地带的一部分，总面积10余万平方米。1982年南京市博物馆在营盘山北坡发现了一处墓葬遗址，并于1982年11月至1983年1月对该遗址进行了考古发掘，发掘面积265平方米。这片葬地是某个史前人群遗留下来的，东西横列于山之北坡，在东西长约20米的范围内，共发现墓葬31座。

营盘山墓地墓葬排列整齐，均为南北向，头朝山顶、足对山脚，即头向朝南，多数为单人仰身直肢葬。墓葬群共出土随葬品600余件，类型与北阴阳营、薛城墓地相似，分为陶器、石器、玉器三类，按照器物功能可分为生产工具、生活用具和装饰品三大类别。葬地这种整齐有序的排列方式和丰富的随葬器物，表明人们对于氏族公共墓地的关切和精心安排，是氏族社会牢固血缘组带的证据。

营盘山先民以磨制石器作为农业生产工具，石器形制工整规范，表面处理细致，器形有穿孔石斧、条形石锛和石凿等，其中穿孔石斧是宁镇地区新石器时代文化的代表性器形，呈舌形、长方形、“风”字形等各种型式。

陶器有泥质灰陶和夹砂红陶等，以泥质陶占多数，主要有鼎、罐、盆、壶、豆、钵、杯等多器形，其中，盉形鼎、高颈折腹壶、高圈足的球腹壶、敛口浅盘凸节把豆、觚形杯、敞口球腹的小罐等，都是该聚落居民所使用的富有文化特色的器物。陶器表面以刻划、镂孔、雕塑等手法组成各种花纹图案，说明了当时人们对景物观察的细致和表现技巧的娴熟。

营盘山玉器精美，以玉璜、玉镯、玉环以及各种模型动物、几何形和其他各种形状的佩饰为特色，造型美观精巧，其中玉璜是营盘山玉器中制作

营盘山遗址出土陶器

最为精巧细致的器形，玉环则是数量最多、型式最复杂的主要器形种类。营盘山玉器中还有一些动物形饰件，如龙形、兔形、鱼形等，大多是以很薄的玉片在其整体或局部加工成动物的形状，是同时期其他文化中所少见的玉饰品。

营盘山墓地充分表现出血缘关系牢固的氏族社会特征，墓葬排列整齐，方向一致，多数为单人葬。在编号M32的墓葬中，出土了一尊人面陶塑像，制作精致，形象逼真，从外表形态来看，应该是一位男性，这件极其珍贵的陶人面像被人们誉为“金陵始祖”，可能是先民运用雕塑技艺，对祖先崇拜或神崇拜的表现方式。

营盘山遗址出土人面陶塑像

牛头岗遗址　牛头岗遗址是滁河南岸一处遗址，地处今浦口区汤泉街道北汤泉农场。1991年3月，南京市博物馆对遗址进行试掘，发掘面积200平方米。1992年进行第二次发掘，2001年至2003年间又对此遗址进行大面积的考古发掘。牛头岗遗址延续时间较长，不仅仅在新石器时代晚期，一直到后来的夏商和西周时期，这里还是人们的居所之一。

牛头岗史前居民创造的物质文化中以陶器最具特色，以黑衣褐胎夹砂陶和细泥黑陶为主，器形主要有鼎、器盖、鬶、盆、罐、钵、豆、盘等。鬶是距今5000至2000多年前大汶口文化和龙山文化时期陶器中最具特色的典型器物，广泛分布于今山东和苏北一带。鬶出现于牛头岗，说明滁河流域文化与山东苏北文化之间存在着文化交流。牛头岗处于南北文化交流地带，在新石器时代晚期时受到北方大汶口文化及龙山文化的影响是情有可原的。牛头岗先民同时也受江南文化的影响，从而创造出内涵复杂多元的文化面貌。

六合羊角山遗址　六合羊角山遗址位于程桥街道羊角山村，为一台型高地，原有面积近1万平方米。1988年，文物部门对遗址进行了抢救性考古发掘，发掘面积220平方米。羊角山遗址陶器数量最多，多为泥质灰陶和夹砂红陶，主要有鼎、罐、缸、钵、豆、杯等器形，以形制多样的鼎足、觚形杯为特色。另遗址有房屋倒塌的痕迹，火塘大多为圆形或椭圆形，建造较为规整，塘内壁经过火烤，平整而坚硬。羊角山的陶纺轮具有明显的地方特色，刻划有精美神秘的兽面人身图案，应是原始宗教崇拜和原始审美艺术的表现，具有极高的历史和艺术价值。

羊角山遗址刻兽面人身图案陶纺轮

第三节　本地文化与外部文化的交流

南京所在的宁镇地区是区别于江淮地区、太湖流域的丘陵地带，新石器时代中晚期有着自身独特的文化面貌，南京地区形成了占主流的北阴阳营文化和薛城文化类型。北阴阳营文化包括北阴阳营、太岗寺、昝缪等遗址，其文化特征较明显，在长江南岸沿江平原具有显著性和普遍性；高淳地区以薛城遗址文化遗存为代表，在文化内涵上也具有较强的自身特征。南京除了本地主流文化之外，还有在周边文化影响之下的非主流文化，文化面貌有较强的交叉性，存在于新石器时代晚期，如滁河流域的牛头岗、浦口营盘山等遗存。

南京虽然地理位置相对独立，但位于长江下游东西和南北交通的结合部，具有文化走廊地带的优势。因此，史前江淮、徐海、太湖、皖西的文化都在南京新石器时代遗存中留下了它们的印记，同时，南京本地文化也影响着周边文化，这是文化交流与传播的结果。

北阴阳营文化发展到第二期最盛，鼎、豆、罐和石斧、石刀等器形复杂多变，以及独具风格的彩陶器，影响了周边地区文化：江阴祁头山遗址的彩陶豆，太湖西部神墩遗址腰檐鼎、敛口钵形鼎、侈口罐形鼎等皆与北阴阳营文化关系密切；龙虬庄文化中穿孔石斧、长条形石锛、多孔石刀等都是来源于宁镇地区的文化因素。另北阴阳营圜底红陶钵、平底盉等与今苏北淮安青莲岗遗址和邳县刘林遗址早期遗存中同类器相似，罐形鼎、盆形鼎、折腹豆等也与太湖东部崧泽文化中层同类器相似，特别是皖西南的薛家岗文化面貌与北阴阳营文化极其相似，其中联系不言而喻。南部“薛城文化类型”早期文化中大量平底器的发现，可能是在以平底釜为主要特征的骆驼墩文化向西推进的影响下形成，另如带箅的器形、鸡冠形鋬、牛鼻状耳、宽带式耳等，这些特征可能也与太湖东部的马家浜文化有所联系。

新石器时代晚期，山东大汶口文化和龙山文化发展迅猛，太湖流域良渚文化发展到顶峰，宁镇地区受到周边文化的影响更趋强烈，新的文化因素也越来越多地出现，可能导致使本地文化在外部文化压力下逐渐衰落。如北阴阳营遗址晚期出现了和大汶口文化前置细颈、弧裆肥袋足鬶同类器形，和良渚文化细长颈、高裆细长袋足鬶同类器形；昝缪遗址发现良渚文化中常见的贯耳壶、有段石锛、有肩穿孔石斧、有柄石刀和玉瑗等；太岗寺等遗址出土了良渚文化的典型器物之

——磨光黑陶。而此时江北三处遗址处于南北文化交流地带，受到北方大汶口文化、龙山文化影响更深，又与江南的文化关系密切，创造出内涵更为复杂多元的文化面貌。

玉器文化也是较突出的文化交流的物质载体。迄今，在南京北阴阳营、太岗寺、昝缪、薛城、朝墩头及附近的丹徒磨盘墩、丹阳三城巷、句容城头山等遗址发现了最早距今五六千年的玉器，与隔江相望的浦口营盘山、安徽含山凌家滩等遗址出土的玉器，共同构成了长江下游沿江地区玉器带和制玉用玉传统。北阴阳营文化玉器器类上丰富，用玉数量较大，龙潭街道附近更早的丁沙地遗址出土了绿松石制成的圆环和长条形的石坠，环、坠上有钻孔，可能是其源头，而附近皖西南和巢湖地区的玉器文化和宁镇地区的北阴阳营文化关系最为密切，环太湖地区崧泽文化各遗址的玉器来源也不能完全排除是从宁镇地区玉器产地输入的。昝缪、营盘山、丁沙地（晚期），以及附近的丹徒磨盘墩和句容城头山等遗址一系列玉器的发现，证明在新石器时代晚期，宁镇地区的玉器文化依然在向前发展。

到距今4000多年前（相当于中原地区的夏代出现的时间），南京地区先民们已先后发明石器、陶器、玉器、骨角器等制作方法，创造了丰富多彩的物质文化。但这里尚未出现文字、青铜冶炼、城市、阶级及贫富分化等代表着国家产生的文明现象，史前社会延续的时间要远远超过中原地区。尽管如此，相当于中原的夏商时代，南京地区的文化还是发生了显著的变化，这在南京许多延续至中原夏商时期的遗址中可以看到变化的证据，考古界将南京晚于新石器时代的文化命名为“点将台文化”（相当于中原的夏时期文化）和“湖熟文化”（相当于中原的商时期文化）。

第四节　新石器时代晚期的精神文化

南京地区新石器时代先民创造了丰富的物质文化，他们定居生活，进行农业生产，豢养家畜，制作石器、陶器、玉器、骨角牙器等器物以满足正常的生活需求。除此之外，从众多物质载体中，也发现了先民们的原始宗教崇拜意识、艺术审美在内的思想观念与精神生活。

宗教是人类精神生活的一部分，是人类智力、思维水平发展到一定阶段的产物。但由于生产能力和思维能力水平的限制，人们产生了“万物有灵论”的信仰，即“自然崇拜”。而后，人们开始对自己的生理结构和某些精神活动现象感到困惑，产生出灵魂观念、鬼魂观念，并且相信人的灵魂成为鬼魂之后有着强大的力量，于是便产生“祖先崇拜”。“自然崇拜”和“祖先崇拜”是原始宗教崇拜的基本内容和基本对象，祖先崇拜最明显的表现便是墓葬的产生。墓葬一方面寄托着人们对死者的哀思，一方面表达了人们对祖先灵魂的敬畏。

就南京地区而言，在营盘山墓地和羊角山遗存之前的如北阴阳营、薛城早期聚落的氏族公共墓地及随葬品的存在，已经反映出先民们所普遍存在的灵魂不死观念，其中祖先崇拜的意味十分浓厚。墓地中葬式和头向基本一致，更表明原始氏族的宗教活动具有集体性和制度化，营盘山的氏族墓地应该亦有同样的意义。

考古资料证实，至迟到新石器时代中期，先民已经有了祖先崇拜的普遍意识，而这并不是人类原始宗教逻辑发展的初始阶段，而是人们原始宗教崇拜意识发展到较高历史阶段的形态。在新石器时代晚期，原始宗教意识的表达方式更为丰富。营盘山人面陶塑像与羊角山陶纺轮刻划精美神秘的兽面人身图案，虽然在形式上有着不一样的表现，但是两者在表示原始宗教存在和想表达的宗教情感上的意义可能是一样的。人面陶塑像可能是人们对意识中的祖先或神的形象进行的可视化创造，融进了人们对祖先或神形象的想象。陶纺轮本来是生产工具，在生产工具上刻划人们想象出来可能是鬼神的形象，为本来普通的事物增加了神秘感，而两者都是出于墓葬，又是作为随葬品伴随死者的灵魂到达另外一个世界，这表明当时原始宗教应该与丧葬观念之间存在着共通的关系。

营盘山的人面陶塑像与羊角山陶纺轮上兽面

人身图案不仅仅是原始宗教的表达形式，也表现了一定阶段人们的艺术创造力，同时也是人们审美观的反映。新石器时代的艺术主要体现在器物上，而当时的器物主要是陶器。陶器的制作，在实用性的前提下，发展了美的造型和装饰，绘画和雕塑在陶器的造型和装饰上得到表现，通过纹样、造型与器物功能的高度统一达到实用与审美的双重效果。

南京新石器时代陶器造型设计丰富多样，复杂多变。北阴阳营文化中鼎、豆、罐的形制极其多样，鼎有罐形、盆形、折腹，上下部呈反、正弧线，豆有各种异型，折缘、勾缘，豆盘呈钵形、罐形等，高柄束腰形等。器形的多样设计是人们将实用与审美相统一的最好例证，表现了当时人们的造物审美观已不再满足于简单与枯燥，而是或把器物的耳做成鸡冠形、竖环形，或把器柄做成腰鼓形，或把器盖做成蘑菇形、桥形、杯形等，使器物变得灵活生动，表达了人类追求生活审美多样性与文化多样性的心态。陶器造型体现了手工技艺中审美与实用的统一，而陶器的表面装饰则更多地表达了人们真切的艺术性追求。如陶器表面磨光可以使陶坯表面光滑精致，施纹绘彩可以使陶器充满意蕴等等。应该说，大部分的陶器纹样不是简单胡乱的刻刻划划，而是属于特征鲜明、含意隽永的设计图案，表现了人们审美思维的清晰和审美能力的高度。彩陶用不同颜色的强烈对比与器胎底色交织在一起，构成了绚丽多彩的效果，即使是放到现代传统制陶工艺的背景下观察，也不失为具有独特创造性的陶艺佳作。

第三章　原史时代南京地域文明与国家的形成

公元前2070年左右至公元前256年，夏、商、周三代王朝在黄河流域强势崛起，成为华夏文明的主源。这一时期不仅是中国的原史时代，而且是中华文明形成的关键阶段。著名考古学家苏秉琦先生指出，中华文明的起源其实是"满天星斗"式的。从新石器时代至夏商周时期，众多发展水平相近的文明散布在中国的四面八方，犹如天上群星之星罗棋布，中原文明只是众星之一。各个地区的文明独立发展，大都经过了"古文化、古城、古国"的三步曲，同时彼此之间又激烈碰撞、融合，最终形成了多元一体的中华文明。

作为"满天星斗"的一员，南京及其周边地区的文明进程在夏商周时期大放异彩，熠熠生辉，为中华文明的形成做出了不可磨灭的贡献。在原有新石器时代北阴阳营文化的基础上，南京又先后出现了点将台文化和湖熟文化，它们在承继地方文化特点的同时，又受到北方文化的强烈影响，不断向国家形态的文明社会迈进，在商末周初诞生了具有鲜明地域特色，且与黄河流域诸文明联系紧密的吴国及其文化，在中国历史上占据了重要地位，并且影响至今。经过春秋战国时代吴、越、楚、秦诸国激烈的争霸与碰撞，南京地区最终融入了统一的秦汉文明。

第一节　相当于中原夏代的点将台文化

点将台文化是以点将台遗址命名的考古学文化。点将台遗址位于栖霞区西岗社区桦墅村（原属江宁区汤山街道），1972年秋被地方文化部门发现，1973年11月由南京博物院组织发掘。

遗址的外观呈圆台形，高出周围地面约4米，南北长60米，东西宽50米，所存面积约3000平方米，发掘面积约130平方米。遗址文化层的堆积厚达2.5米，分为上、中、下三个文化层。其中中层和上层遗存分别属于湖熟文化和吴文化早期，相当于中原的商代和西周早期，而下层遗存的时代早于湖熟文化、晚于新石器时代晚期文化，绝对年代在公元前2000年—公元前1600年之间，大体相当于中原地区的夏代。下层遗存中黑陶所占的比例增加，出现薄胎磨光泥质黑陶，盛行篮纹、方格纹，呈现出一种比较特殊的文化面貌。1989年，南京博物院张敏先生将点将台遗址下层遗存所代表的文化特征确定为“点将台文化”。

点将台文化不仅发现于点将台遗址，通过多

点将台遗址（2002 年）

年的考古调查与发掘，在南京的北阴阳营、安怀村、太岗寺、昝缪、朝墩头，镇江的马迹山、城头山、三台阁，丹徒县的团山，以及马鞍山的邓家山、当涂县的釜山等遗址中均发现有点将台文化的地层和遗存，说明它是夏代较广泛分布于宁镇和皖南地区的一种重要的地方文化类型。

在点将台文化中，生产工具仍以磨光石器为主，主要器形有斧、锛、刀、凿、戈、镞等。青铜器目前虽未发现，但在高淳朝墩头和镇江城头山遗址中都出土过点将台时期的青铜炼渣，证明它已经迈入了青铜时代的门槛，成为宁镇、皖南一带最早的一支青铜文化。

点将台文化的生活用器以陶器为主，另有少量玉器、骨角器和蚌器。陶器在遗物中数量最多，最能反映该文化的基本面貌。点将台文化的陶器以夹砂红褐陶为主，泥质红陶、黑陶、灰陶也占一定比例。主要器形有鼎、甗、罐、豆、瓮、盆、盘、世，匜、尊、簋等，从陶器的形态特征、装饰上看，分为明显不同的三组。其中，甲组陶器的主要器形有三角形侧扁足盆形鼎、侈口罐、敛口罐、深腹盆、浅盘细柄豆、深盘高柄豆、侈口大圈足簋、罐形圈足匜、浅盘高足匜等，纹饰主要有弦纹、刻划纹、捺窝纹、戳点纹等。这组器物的源头是宁镇地区既有的北阴阳营文化。乙组陶器主要器形有足根有捺窝的三角形侧扁足绳纹罐形鼎、筒状大袋足甗、横篮纹高领罐、广口罐、绳纹小口瓮、宽把觚形杯等，纹饰主要有弦纹、拍印的篮纹、绳纹、细弦纹和少量的方格纹。这组器物的源头为分布于豫东、皖西北、鲁西南等淮河上游地区的王油坊类型龙山文化，然后经苏北地区的南荡、周邶墩、龙虬庄等遗址，传播至宁镇地区。丙组陶器的主要器形有三角形侧扁足甗、直壁附耳缸形器、深弧腹平底盆、三足盘、凸棱纹尊、凸棱纹折腹杯、蘑菇纽器盖等，纹饰以凸棱为主，有少量弦纹。这组器物的来源是分布于山东中南部的尹家城类型岳石文化，同样经苏北周邶墩等遗址，影响至点将台。在三组陶器中，甲组器物占50%以上，乙组器物约占40%，丙组器物约占5%。通过对陶器来源的文化因素分析，可以看出点将台文化是一种混合型文化，本土与外来文化因素几乎各占一半，本土文化受到了北方外来文化的深刻影响。

在点将台文化的构成要素中，王油坊类型龙山文化占有很大比重。经多位学者研究，公元前2400—2100年的豫东、皖西北和鲁西南一带，为东夷集团中有虞氏部族活动的中心区域，诞生于此的王油坊类型龙山文化就是有虞氏的文化。有虞氏即是传说中舜帝所在的部族。新石器时代晚期，有虞氏在舜的带领下，与鲧、禹为首领的夏后氏部族发生过激烈的争夺。失败后，舜“禅让”禹，有虞氏被迫举族迁徙。公元前2100年以后，王油坊类型龙山文化在当地突然消失，却在江淮东部的兴化南荡、高邮周邶墩、龙虬庄等遗址留下大量遗存，最终于公元前2000年左右到达宁镇地区，与当地原有文化相结合，创造出点将台文化。近年来，在上海广富林遗址也发现了王油坊类型龙山文化遗存，进一步证明有虞氏部族一路向东、向南，渡过长江求取生存与发展，确实是历史上发生的真实事件。

尹家城类型岳石文化的前身是山东龙山文

化，是海岱地区东夷部族创造的文化。尹家城类型岳石文化的年代为公元前1900—1600年，传至苏北周邶墩遗址的年代约为公元前1600年，传至宁镇地区还要略晚。在点将台文化中，两种北方文化因素不是同时传入的，王油坊类型龙山文化传入时间早，影响深入；岳石文化传入时间晚，影响较浅。不过岳石文化对其后的湖熟文化产生了重要影响。

点将台文化大都出土较多的斧、锛、刀、镞等石质生产工具，说明这一时期的狩猎活动在聚落生业经济中仍然占有很大的比重。从各遗址出土大量造型、纹饰复杂的陶器分析，点将台文化的制陶业已经相当成熟。另外，从点将台文化受到多支东夷部族的影响，且东夷文化因素占比很高来看，点将台文化时期的宁镇地区应该被纳入东夷文化圈之中。

夏代是我国青铜时代、国家形态的最初期。在全国范围内，夏代的历史文化面貌都处于相对模糊的状态。点将台文化的发现，使得宁镇、皖南地区夏文化的探索有了主体，其基本面貌和文化来源已经得到了初步的揭示。但是，目前已发掘的遗址点将台文化层皆相对较薄，尚未发现延续时间长的大型聚落，也未找到房址、墓葬、祭坛等重要遗迹，对于其社会性质、生业模式、生活习俗等方面的探索还有很大的研究空间。

第二节　相当于中原商代的湖熟文化

湖熟文化是宁镇地区商代的主体文化，它由点将台文化发展而来，又成为其后出现的吴文化的滥觞。湖熟文化1951年发现于南京江宁区湖熟镇，南京博物院在当地发现10多处同类性质的遗址，并试掘了其中的前岗、老鼠墩两处。其后在宁镇山脉和秦淮河流域，通过调查又发现150余处同类遗址，证明它是本地区广泛存在的一种重要的古代文化，1959年正式命名。湖熟文化是新中国第一批，也是江苏首个正式命名并得到学术界公认的考古学文化。

湖熟文化的时代最初被发掘者推定为“殷商末期甚至更早……下限则可至战国时期”，即横跨商、周两个阶段。经过数十年的研究，尤其是运用碳-14测年技术，学术界已经明确湖熟文化的上限应为商代初期〔公元前（1540±90）年〕，下限为西周初期〔公元前（1195±105）年〕，与中原商代大体相当。更为重要的是，在承认湖熟文化与吴文化存在文化共性和发展连续性的同时，认识到西周以后吴国已经有明确的史料记载，再用史前考古学文化来命名并不合适；而且西周以后土墩墓的出现，标志着原有的文化面貌发生了重要突变，因此有必要以西周为界，将湖熟文化与吴文化明确区分开来。也有学者提出，可将湖熟文化命名为“先吴文化”。

湖熟文化遗址迄今已发现300余处，分布在东至茅山、西至九华山、南至黄山、北至长江的宁镇和皖南东部区域内，其中秦淮河流域、高资至大港长江沿岸和茅山以东河网地带是三个最主要的分布区。南京江宁、溧水、高淳诸区，以及主城范围内皆有湖熟文化台形遗址分布，调查发现的总数超过100余座。其中代表性的有：鼓楼区北阴阳营遗址、安怀村遗址；玄武区锁金村遗址；

位于雨花台区铁心桥社区的郭家山坑湖熟文化遗址
考古发掘现场

秦淮区窨子山遗址；雨花台区西善桥街道太岗寺遗址、铁心桥街道郭家山坑遗址；江宁区境湖熟街道老鼠墩、神墩、梁台、船墩、前岗诸遗址，秣陵街道神墩遗址、方山磨盘山遗址，上坊艾塘遗址、岔路口橙子墩遗址；栖霞区西岗街道点将台遗址，横溪街道陶吴昝缪遗址；溧水区溧水中学、永阳街道北原钢铁厂西螺丝滩、东屏镇青龙桥、白马镇二塘头诸遗址；高淳区东坝中村富家山、螺丝墩、下庄西边塘诸遗址，漆桥镇龙墩水库北墩山头遗址、夏家宕东庙基山遗址，固城朝墩头遗址等等。目前经过发掘的湖熟文化遗址已20余处，包括南京北阴阳营、老鼠墩、前岗、太岗寺、昝缪、点将台、二塘头、船墩、艾塘、郭家山坑，以及镇江的马迹山、句容城头山和白蟒台、丹徒团山，常州金坛上水和新浮，马鞍山五担岗、仪征甘草山等。出土的文化遗物主要包括石器、陶器、原始青瓷器、青铜器、骨器等。

湖熟文化的遗址大都为高出地面5—10米的圆形或椭圆形台地，面积7000—20000平方米以上，遗址周边一般有河流经过，甚至为两条河流所环绕。遗址文化层往往厚达3—5米，说明人类活动延续的时间很长。

石器仍是湖熟文化时期最主要的生产工具，多为磨制。器形有犁、斧、锛、刀、镰、凿、矛、镞等，其中三角形大石犁、有肩穿孔石斧、半月形穿孔石刀和横三角形石镰的出现，说明当时的农耕经济已经相当发达，而狩猎经济应已退居次要地位。

湖熟文化时期发现了宁镇地区目前最早的青铜器，主要包括生产工具类的削刀、鱼钩、镞、钻、斧，兵器类的戈、钺，以及酒器类的罍、爵、斝，乐器类的铙等。在南京锁金村、北阴阳营遗址湖熟文化地层中都发现有陶坩埚、陶勺、青铜炼渣等遗物，说明当时南京本地已经出现了较为成熟的青铜铸造业。而且在上述遗址中，早期阶段仅发现一些小件器物，较大型的青铜器主要发现在中晚期，说明本地青铜铸造技术从早期到晚期在不断提高。

江宁上坊艾塘湖熟文化遗址出土的铜斧

特别值得一提的是1973年在江宁境内征集的1件青铜三羊罍，据调查原是从陶吴、横溪一带出土的。该器通高29厘米，大口，短颈，斜折肩，深腹下收，圈足。全器分层装饰夔纹、饕餮纹、扉棱、云雷纹等纹样，器肩还有3个高起的卷角羊首。其造型稳健淳厚，装饰纹样繁缛而层次分明，主体突出，具有较高的工艺水平。同类器在北京平谷刘家河、河北藁城台西村商代墓葬内均有发现，传世品中也能见到。就其造型和装饰特征看，此三羊罍是典型的商代晚期青铜礼器。罍为商周时期重要礼器，用于礼仪场所盛酒或装水。这样一件贵重的礼器在江宁出土，即使还不能确证当时商王朝势力已经跨过长江，到达今南京地区，至少也反映了湖熟文化的主人已同中原

江宁陶吴、横溪一带出土的商代晚期三羊铜罍

商王朝有了文化上的密切交流。

另外，1974年江宁横溪塘东村还出土另外1件商代晚期青铜大铙。此器通高46.5厘米，两面均饰饕餮纹，双目突出，周围以勾连云纹环绕，以圆圈纹为地纹。同类器不见于中原地区，而与湖南、江西等地出土者相似，具有强烈的南方色彩。铙是商周时期流行的打击类青铜乐器，可用

江宁横溪塘东村出土的商代晚期青铜大铙

于军旅，亦可用于祭祀和宴乐。此器的出土证明商代晚期南京地区的青铜铸造业除接受中原高度发达的商文化的影响外，也曾与南方其他地区有过交流与联系，从而逐步形成自己的特色。

陶瓷制造业在湖熟文化时期出现了重大突破，硬陶和原始青瓷器的出现成为湖熟文化区别于点将台文化的重要标志。湖熟文化的陶器主要包括夹砂陶、泥质陶和硬陶三种，以夹砂红陶为大宗，占50%以上。陶器以素面为主，约占70%以上，常见纹饰主要有弦纹、梯格纹、捺窝纹、戳点纹、绳纹等。常见的器形为鬲、甗、罐、鼎、瓮、簋、盆、豆、钵等。硬陶所用泥料含铁量高，烧成温度也高于普通陶器，其器表多拍印云雷纹、羽状纹、回纹、方格纹、饕餮纹等各种纹饰，又被称为“印纹硬陶”，它是长江中下游地区商代新出现的陶器种类。在北阴阳营遗址中发现过5座湖熟文化时期的小型陶窑，窑室呈长方形，火膛在窑室底部，外通火道，从结构上看为直焰窑，可以烧造温度很高的硬陶，标志着南京当时的制陶技术提升到一个新阶段。近年来浙江东苕溪原始青瓷窑址的发现，将我国瓷器的烧造年代提前至夏代晚期，但宁镇地区最早在湖熟文化中出现原始青瓷，主要器形有豆、瓮、罐等。2008年，溧阳市天目湖镇发现了烧造硬陶和原始瓷的下马滩、前家岗窑址，为宁镇地区寻找原始瓷窑址提供了重要线索。

在北阴阳营和太岗寺遗址湖熟文化地层中均出土有卜甲和卜骨，它是占卜术兴起的直接证据。比如，在北阴阳营遗址第三层中发现的卜甲和卜骨共12件。其中卜甲7件，全是龟的腹甲，龟甲较薄的部位采用直接烧灼法，而在龟甲较厚的部位采用先钻后灼的方法；卜骨5件，用的是牛的肩胛骨和肢骨，其背面均有圆窝形钻孔，并有直透正面的灼痕。用甲骨占卜是商文化的主要特征之一，北阴阳营等遗址甲骨的发现，无疑证明这一时期的先民在精神生活方面也曾受到商文化的重要影响。

湖熟文化时期的房屋在多个遗址中皆有发现，造型多样。比如2011年在江宁上坊艾塘遗址中发现了一座南北走向、四间连排的大型房屋，

江宁上坊艾塘遗址发现的湖熟文化时期连排式房屋

每间房宽4.2—5.8米，总长达17.04米。房屋内外的地面经过火烤处理，能够起到硬化、防潮的作用。

在溧水白马镇二塘头遗址中也发现了三座保存较好的湖熟文化时期房址。它们的平面形状皆为圆形，朝西南方开设门道。建筑方法是先整体下挖深0.35—0.55米的近圆形基坑，在坑底填一层黄褐色垫土，然后在中心设中心柱、基坑周围设墙柱，门道两侧也各立一柱，最后在房内再填

溧水二塘头遗址发现的湖熟文化时期圆形房址

土、砸实，与地表平齐，形成居住面。单个建筑的室内面积约6.15平方米。这组建筑规划整齐、结构合理、表明当时人们已经有了成熟的建筑技术和较好的居住条件。

湖熟文化是多种文化融合的产物，主要的来源有点将台文化、岳石文化、马桥文化和殷商文化。在早期湖熟文化遗物中，除陶鬲外，大多数陶器、石器都可以在点将台文化中找到其渊源，说明点将台文化是湖熟文化的主要源头。岳石文化自点将台文化开始即对南京本土文化产生影响，对湖熟文化的影响更为强烈，最明显的表现是素面鬲的流行。

在点将台文化中最重要的炊器是陶鼎和陶甗，但在湖熟文化中鼎被鬲迅速取代，素面鬲从湖熟文化开始一直被沿用至吴文化时期，而素面鬲的来源即为岳石文化。另外半月形石刀的源头也是岳石文化。马桥文化是分布于太湖东部和杭州湾地区的夏商时期青铜文化，它在夏代即出现印纹硬陶器，湖熟文化中的印纹硬陶一般认为来源于该文化。

对湖熟文化影响最为深刻的还是来自中原地区的殷商文化。湖熟文化青铜器的造型并未形成自己的特色，罍、爵、斝、戈等大都模仿中原器物，两者之间几无差别；陶器当中的绳纹鬲、甗、罐、盆、簋、缸等器类也与河南郑州二里岗的商代同类器物相同或相近，卜甲、卜骨的风俗亦与商文化有着密切的联系。透过这些实物证据，当时中原商王朝流行的占卜文化、礼乐文化，甚至酒文化应该都对湖熟文化产生过重要影响。

根据殷墟出土甲骨文的零星记载，在商王国势力范围以内及周边地区分布着数量众多的方国，他们与商王国之间既有广泛的交流，也有激烈的战争。其中比较强大的方国，西北和北方有鬼方、土方、羌方等，在东南和南方则有虎方、人方、徐方。商时期的南京地区有没有方国存在？中心区域在哪里？原史时代的文字材料迄今无法提供明确的记载。不过南京北阴阳营、太岗寺遗址出土的卜甲、卜骨，江宁陶吴、横溪出土的铜罍、铜铙等商代晚期的青铜重器，表明当时已有特权、贵族，甚至是王权。由此我们可以推测，至商代中后期，以湖熟文化为基础，南京及周边地区有可能已经诞生了区域性的方国，与中原的商王朝存在较为密切的联系。这一方面的考古发现与研究，应该成为南京考古工作者今后加大努力的方向。

第三节　吴国及其文化

吴文化即吴国时期的文化。吴国创始于商代晚期，横跨西周，延续至东周春秋末年，于公元前473年为越国所灭，前后长700余年。吴国的历史虽然存在一些空白和疑点，但是这一时期却是南京乃至江苏历史上第一个有明确史料记载并以国号命名的重要发展阶段。

吴国及其文化在中国历史上留有浓墨重彩的影响，太伯奔吴、吴越争雄等故事世代流传。《史记》将《吴太伯世家》列为《世家》第一，《荀子·王霸》篇将吴王阖庐与齐桓公、晋文公、楚庄王、越王句践并列为春秋五霸。江苏自古被称为吴地，后世的孙权、杨行密、朱元璋、张士诚等在江苏范围内建立政权皆以吴为号，都渊源于此。

一、文献记载的吴国历史和文化特征

吴国的史料散见于《世本》《春秋》《左传》《论语》《荀子》《管子》《穆天子传》《国语》《史记》《吴越春秋》《越绝书》等众多先秦至汉代的文献之中。通过文献可以了解吴国历史发展的基本脉络。据《史记·吴太伯世家》记载，吴国是以太伯、仲雍为首的周人集团于商朝末年南迁，与号称荆蛮的土著集团结合而创立的，国号为“句吴”，周武王时期正式受封为诸侯国。自太伯、仲雍始，历季简、叔达、周章、熊遂、柯相、强鸠夷、馀桥疑吾、柯卢、周繇、屈羽、夷吾、禽处、转、颇高、句卑、去齐、寿梦、诸樊、馀祭、馀昧、僚、阖庐，至夫差，前后凡二十五世。西周时期的吴国文献记载极少，真实情况长期不为人知；进入东周之后，有关吴国的记载日益丰富——春秋早期，吴国与地处江淮之间的干国发生冲突。春秋中期寿梦为王后，吴与晋国结盟，实力大增，“伐楚、伐巢、伐徐……蛮夷属于楚者，吴尽取之，是以始大”。至阖庐时，吴国“大霸，筑吴越城……徙治胥山”，将都城迁至太湖地区。至夫差时，一度打败越国、北上争霸、会盟诸侯，但最终盛极而亡。

文献材料还揭示了吴国社会习俗、礼仪制度、生产力水平等方面的重要情况。据《史记》和《吴越春秋》记载，吴人在服饰上最明显的特征是“文身断发”“以椎髻为俗”；礼制上历代吴王皆直呼其名，无庙号、谥号，表明吴国文化有很强的地方特色，不同于周制；但是吴公子季札观乐的故事表明吴国上层贵族积极学习周礼，有很高的文化修养。又如《越绝书》记载，吴国有“大翼、小翼、突冒、楼船、桥船”等多型战舰，与周边国家发生冲突时，吴国经常动用水军。《左传》记载，吴王夫差为进军中原，在扬州附近开凿了运河“邗沟”，打通了江淮两大流域；流经南京高淳区固城湖、沟通水阳江和太湖流域的重要水道——胥溪河，亦有文献记载是吴王阖庐时期为伐楚而命伍子胥所开通的运河。这些材料都反映吴人善用舟楫、重视水利的特点。再者吴国拥有优越的铜锡资源，《考工记》称“吴粤（越）之金锡，此材之美者也”，在此基础上吴国发展出发达的冶铸业，尤其擅长制造兵器。《战国策·赵策》为此大赞：“夫吴干之剑，肉试则断牛马，金试则截盘匜。”

虽然有关吴国的文献材料在先秦诸国中相对丰富，但也存在较为严重的缺载，尤其是寿梦之前、西周至春秋早期的吴国史料几乎为空白。另外，历来被奉为信史的“太伯奔吴”在现代史学兴起后受到多方质疑，一些学者主张吴人非周人后裔；部分学者认为在当时的条件下，周人集团不可能迁徙至遥远的江南发展，于是提出了太伯所奔之地为陕西陇县、宝鸡的“西吴说”，为山西大阳、平陆的“北吴说”，以及太伯到达湖南衡山、江西樟树等多种观点。不过随着现代考古学的发展，考古发现的实物材料有效弥补了吴国古史的空白，对于传统史料的记载也给予有力的支持，从而使以“太伯奔吴”为起点的吴国古史能够经受质疑，依然被学术主流认可和接受。

二、考古揭示的吴文化遗存和物质文化特征

从20世纪50年代至今，考古工作者对宁镇和皖南东部地区广泛分布的土墩墓遗存进行了深入研究，调查确认的数量近万座，发掘数百座，最终揭示出它们与吴文化之间的密切联系。发掘证

南京高淳区夏家塘“一墩多墓”式土墩墓

明，土墩墓是一种独特的墓葬形式，时代上自西周初期下至战国初期，主要特征有三：一是平地埋葬，不挖墓穴或者略挖浅穴；二是堆土成墩，在地表形成馒头状的封土；三是聚族而葬，一墩内往往埋葬同一个家族的多座墓葬，仅少数为一墩一墓。

这与当时宗周、中原流行的竖穴深坑、地表无封土的墓葬形式截然不同。土墩墓大小差别明显，小型墓直径10米左右，固守“平地起封”的传统，内部结构始终变化不大，陪葬品多为带有明显湖熟文化印记的夹砂红陶、印纹硬陶和原始瓷器。而大型墓直径20—30米，有的达到60米以上。它们外部保持土著特色的馒头状封土，但内部结构受宗周和中原文化的影响逐步变化：西周早中期它们与小型墓一致，不挖深穴，仅用石块铺设“石床”以显示等级，典型代表有镇江大港烟墩山一号二号墓、南京溧水乌山岗沿山二号墓等；西周晚期墩内开始出现竖穴深坑，比如丹徒大笆斗墩内墓坑深约1.5米，丹阳大夫墩的墓坑深达4.6米；到了春秋中晚期，除竖穴深坑外，又出现了墓道和殉人现象，与中原大墓的形制更加接近，典型代表有镇江大港北山顶墓、谏壁王家山墓等。大型墓除了陪葬陶器和原始瓷器外，往往有丰富的青铜器。青铜器的来源与特征前后也有明显变化：西周早中期既有直接来自宗周的器物，也有本地仿制宗周的器物，还有地方特色的器物，比如大港烟墩山一号墓不仅出土有角状器、鸠杖等本地特色青铜器，还出土了著名的宗

溧水乌山岗沿山出土的西周时期铜方鼎

周器“宜侯夨簋”。该器铭文长达120余字，记录了周王将虞侯夨改封为宜侯，赐以山川、土地、人民之事。郭沫若、唐兰先生考证后认为，虞侯夨就是太伯四世孙周章，这件重器是吴国受封为诸侯的实证。乌山岗沿山二号墓出土一件西周中期青铜方鼎，器形厚重，四角有弧形扉棱，宗周风格明显，但其合金成分含铅量高达34.27%，含锡量为0，与中原、宗周器完全不同，证明是本地仿制的器物。

到了西周后期至春秋时代，大型墓中来自宗周的青铜器已不见，全部代之以本地仿制中原器、本地特色器，以及兵器和工具等，而且本地仿造的器物也开始呈现自己的风格。比如溧水宽广墩出土的多件西周晚期至春秋早期青铜簋、卣、匜等器物，器形虽然来自中原，但装饰的却是本地流行的垂鳞纹、变体夔纹。春秋晚期北山顶墓中出土一件铸造精细的青铜鸠杖，杖墩为一个跪坐的人像，脑后梳双髻，全身胸、背、股、臀等处皆装饰云纹，与文献记载的吴人“文身”“椎髻”的形象高度相符。该墓中还出土带有“馀眛”铭文的青铜矛，发掘者由此推测墓主为吴王馀眛。

土墩墓出现的时期与吴国兴亡的时段基本一致；土墩墓中的大型土墩墓，无论是墓葬形制还是陪葬的青铜器，明显存在土著文化与周文化并存并逐渐融合的现象，与周人与荆蛮结合而生吴的历史记载相契合；烟墩山墓、北山顶墓出土的宜侯夨簋、馀眛矛等青铜器，墓主线索皆指向吴王。因此通过对土墩墓的深入研究，考古界一致认为土墩墓就是吴人的墓葬，其中小型墓为平民墓，大型墓属于高级贵族阶层。镇江丹徒沿江的大港至谏壁一带，由于先后发现烟墩山、母子墩、磨盘墩、青龙山、北山顶、王家山等多座大型土墩墓，其中多位墓主被推测为吴王，因而被认为是吴国的王陵区。

土墩墓性质的确定为吴文化研究找到了关键的突破口。土墩墓主要分布于东至茅山、天目山，西至九华山，北临长江，南抵黄山的区域内，与湖熟文化的分布区高度一致，表明太伯、仲雍所奔的“荆蛮”就是商代以来在宁镇和皖南东部创造出湖熟文化的人群。吴文化是以湖熟文化为基础，结合周文化和周边方国文化共同形成的。更为重要的是，宁镇和皖南东部的土墩墓自西周早期一直持续至春秋晚期，而以苏州为中心的太湖以东地区也分布有土墩墓，但是不仅数量少，而且时代全部为春秋中期以后，证明吴国及其文化是自西向东发展的，宁镇和皖南东部是吴文化的发祥地，也是春秋中期之前吴国的核心疆域，春秋中期之后吴国的统治中心才东移至太湖地区。宁镇地区在吴文化研究中的重要地位由此得到凸显。

在现今南京的行政范围内，土墩墓分布最为密集的区域是地处江南的江宁、溧水、高淳三区，调查发现的土墩墓已达1000余座。其中江宁区境的土墩墓主要分布在汤山、湖熟、禄口、横溪等街道；溧水区境的土墩墓主要分布在白马、晶桥、永阳、东屏、柘塘、洪蓝、石湫、和凤诸镇，以白马、东屏两镇最多；高淳区境的土墩墓主要分布在其东部丘陵山区，遍及桠溪、东坝、下坝、固城、漆桥、古柏等乡镇。自20世纪50年

南京高淳漆桥夏家塘土墩墓出土铜鼎

代以来，南京范围内发掘清理的土墩墓已有10多个地点、40余座，贯穿吴文化前后各个时期。其中属于西周早中期的有溧水乌山岗沿山一至四号墓，乌山秧田西山墓、柘塘蔡家山一号墓，高淳顾陇、永宁Ⅰ期墓等；属于西周晚期至春秋早期的有溧水和风宽广墩、乌山徐母塘山个头墩、高淳漆桥夏家塘土墩墓等；春秋中晚期的有溧水洪蓝凤凰井、石湫大圩东村、白马秀才墩，柘塘蔡家山二至四号墓，江宁陶吴竹联山，高淳顾陇、永宁Ⅱ期、永宁Ⅲ期等。

继土墩墓之后，考古工作者还确认了吴文化

时期另一重要遗存——台形遗址。吴文化台形遗址与湖熟文化台形遗址一脉相承，很多直接由湖熟文化时期的遗址发展而来，它们是吴人居住和从事生产活动的场所，常常与土墩墓交错分布。南京范围内调查发现的台形遗址已有100余座，主要分布于江宁、溧水、高淳三区，另外主城所属玄武、雨花台区也有发现。南京江北的滁河流域本不属于湖熟文化分布区，但西周以后也开始出现台形遗址，应与吴文化的影响有关。目前南京

江宁区秣陵街道中庄吴文化时期台形遗址发掘现场

经发掘确认的吴文化时期的台形遗址有：溧水二塘头，玄武锁金村，江浦曹王塍子、蒋城子，江宁秣陵中庄，雨花台西街越城遗址等。

通过对南京及周边地区土墩墓和台形遗址的发掘和研究，西周至春秋时期吴国的物质文化面貌有了较为明晰的呈现。

吴文化时期仍然处于铜、石并用阶段。在江浦蒋城子及镇江龙脉团山、马迹山、孙家村等西周至春秋时期吴文化遗址中普遍发现石质工具，主要有斧、锛、刀、铲、凿、犁、镞等，器形与

高淳境内出土的春秋战国时期青铜农具

湖熟文化时期变化不大。进入春秋以后，铜质工具数量明显增多，南京高淳、溧水曾出土多件春秋时期的锛、铲、锸、镬犁等青铜农具，但石质工具仍在生产、生活中承担重要作用。

吴文化时期青铜器制造水平比湖熟文化时期大幅跃升，在宗周、中原文化的影响下，吴国能够制造品类丰富的青铜礼器、兵器、乐器、车马器和工具等。从遗址中出土的青铜器多为小型工具和兵器，如刀、削、鱼钩、斧、戈、镞等；大部分吴国青铜器出土于墓葬中。西周至春秋早期常见的器形有鼎、鬲、甗、簋、尊、盉、匜、盘、卣、盘、杖首等礼器，戈、矛、剑、镞等兵器，辖、镳、衔、节约、当卢等车马器；较流行夔纹、变体夔纹、几何纹、勾连纹、垂鳞纹等，纹饰一般较粗率，地纹不清晰或者无地纹，主纹对称性也不严格。春秋中期以后，吴国青铜器受周边楚、越等国的影响明显，较流行蟠螭纹、图案化的雷纹，常见鼎、甗、尊、罍、鉴、缶、簠等礼器，以及钲、编钟、甬钟、勾镭、錞于、丁宁等军乐器，刀、削、斧、凿、锄、镰、锯、铲等工具也常出现在土墩墓中。春秋中期以后，吴国制造的剑、矛、戈、戟等兵器越发精良，重要兵器上出现铭文。1970年江宁陶吴中学出土1件铜戈，上有铭文19字。多位学者考证后将其命名为伯剌戈，“伯剌”为寿梦之孙，此戈乃寿梦为吴王时所铸，是吴国步入强盛时代的重要物证。春秋晚期吴国部分高等级青铜兵器的表面有菱形、曲折形的暗纹，与兵器本体明暗相间，不仅装饰效果冠绝一时，而且具有很好的防腐蚀作用。科技考古工作者通过实验证明，当时的工匠已经掌握了金属膏剂涂层工艺这种特殊而精湛的表面合

南京六合程桥贵族墓中出土的带有暗纹的青铜剑

金化技术，才能达此效果，这是我国科技史上的重要成就。南京六合程桥一号和三号春秋晚期贵族墓中分别出土的两件青铜剑，皆有暗格花纹，都是运用这种工艺制造的吴剑精品。另外，在程桥一号墓中还出土1件铁丸，经金相鉴定是我国目前所知最早的生铁之一，证实春秋晚期我国已经掌握了生铁冶炼技术，迈进了铁器时代，比欧洲早了1900多年。

夹砂红陶、印纹硬陶器和原始瓷器是吴文化最主要的生活器具，也是最为常见的吴文化遗物。夹砂红陶多用作炊器，常为素面，印纹硬陶和原始瓷器多用作容器和盛器。印纹硬陶和原始瓷器的主产地为太湖流域和钱塘江流域，即传统上的越地，吴文化中大量使用越地产品，说明吴越之间的文化联系与交流原本非常密切。印纹硬陶的纹饰，西周早中期较流行云雷纹、绳纹、羽状纹、复线菱形纹、折线纹等，常与回纹组合；西周晚期至春秋早期较流行席纹、菱形纹与方格纹、回纹的组合；春秋中晚期流行筛格纹、方格纹、麻布纹等，常与菱形纹组合。西周早中期陶器种类主要有鬲、甗、鼎、

江宁陶吴竹连山土墩墓出土春秋时期的印纹硬陶罐

江宁陶吴竹连山土墩墓出土的春秋时期原始瓷盖碗

豆、盘、罐、坛、盆、钵、尊、纺轮等，其中多种器形由湖熟文化沿袭而来；原始青瓷器主要为罐和豆等；西周晚期至春秋早期，新出现釜、盆式鼎等越式陶器，说明吴越之间的联系更加密切；春秋中晚期，豆、盘等陶器基本消失，原始瓷豆渐被鉢所取代。

吴文化时期的建筑技术比湖熟文化时期也有很大提高。在南京秣陵中庄及镇江丹阳凤凰山、马迹山等多处西周至春秋时期台形遗址中，多次发现由四个柱础组成的建筑单元。专家推测，这

江宁秣陵中庄遗址发现的春秋时期干栏式建筑遗存

些粗壮的柱础可以起主支撑作用，然后其上构建干栏式房屋，反映出吴人能够根据江南多雨潮湿的特点，在设计和建筑时采取有效的应对措施，提高房屋的耐久性和居住的舒适度。

三、吴文化时期南京的地位与城市的萌芽

在吴国的历史进程中，南京地区发挥过举足轻重的作用，同时也获得了巨大的发展机遇，南京城市的雏形诞生于这一时期。

在吴国早期阶段，南京不仅属于吴文化的核心区，而且太伯集团最初立国之地也可能位于南京。关于太伯奔吴的终点，目前省内诸说并存。汉唐以来的传统观点认为在太湖流域——《汉书·地理志》吴县下注云："故国、周太伯所邑。"唐张守节所著《史记正义》则进一步明确为："太伯奔吴，所居城在苏州北五十里，常州无锡县界梅里村，其城及冢见存。"无锡梅里由此长期被尊为太伯奔吴立国的地点。然而早在考古证据出现之前，宁镇地区的重要性就被史家所关注——南宋《景定建康志》记载："至德逊王吴太伯，初逃句曲山中。"元《至正金陵新志》

称："周初，太伯之国勾吴。茅山古名勾曲，形如勾己，勾转为句，句容以是得名。"可见自宋代以来，句容茅山也被视作太伯所奔立国之地。现代考古调查证明，茅山周边确为土墩墓分布最为密集的地区之一，上述记载并非空穴来风。而南京跻身此列所依据的文献堪称最早：《吴越春秋·吴太伯传》记载："（太伯、仲雍）二人托名采药于衡山。"此"衡山"即太伯奔吴后所居之地。《左传》襄公三年（前570年）又载："三年春，楚子重伐吴，为简之师，克鸠兹，至于衡山。"鸠兹在今安徽芜湖东南，则衡山在其东不远。梁代刘昭所注《后汉书·郡国志》指出："丹阳县之横山，去鸠兹不远，子重所至也。""丹阳县"系秦汉所置古县，治所在今南京江宁区与安徽当涂交界处的小丹阳镇，横山在其左近。清代学者高士奇、钱大昕等普遍认为，"横"通"衡"，丹阳之横山即太伯奔吴后所居之"衡山"。

除文献依据外，小丹阳及其周边的陶吴、横溪一带多次发现商周时期重要遗物，同时也是土墩墓密集分布区之一。1973年，江宁陶吴、横溪一带征集到商代青铜三羊罍；1974年，江宁横溪许村大队塘东村出土商代大铜铙；1957年，陶吴西阳街胭脂村出土1件西周青铜鼎； 1958年，陶吴红旗水库出土多件西周青铜鼎、鬲；1960年，陶吴又一次出土鼎、鬲、卣、匜等西周时期青铜器13件。小丹阳周边出土的青铜重器，时代自商代晚期至西周早期，与太伯奔吴立国的时间正好一致，而无锡梅里、句容茅山等地迄今未发现类似时段的遗物。因此，太伯立国于南京小丹阳之说，在文献和考古两个方面都拥有一定证据的支持，不应忽视。

春秋中期以后，吴国政治中心东移，南京地区成为“吴头楚尾”、各国反复争夺的拉锯地带。在此过程中南京地理位置的重要性日益凸显，境内三大流域——北部滁河、南部胥溪河和中部秦淮河先后出现行政建置和城。南京江北六合区位于滁河下游，古称“棠邑”。《左传》记载，襄公十四年（前559年），楚令尹子囊率军伐吴，驻“师于棠”；其时棠邑可能已经设立。昭公二十年（前522年），伍子胥之兄伍尚还为楚国担任“棠君”。楚所设之“棠邑”是南京地区目前所知最早的行政建置之一。棠邑可能有城，但位置尚未明确。公元前518年，吴楚爆发“卑梁之战”，吴国夺取楚国边邑卑梁、钟离。卑梁治在今安徽天长石梁镇，与六合北境相距甚近，有学者推测棠邑应于此役归属吴国。1964—1988年，考古工作者在六合区程桥中学附近，先后发现3座春秋晚期贵族大墓，出土编钟、编镈、暗纹青铜剑、玉剑具、铁器等各类重要文物数百件。这些随葬品文化内涵复杂，仅青铜器铭文就涉及吴、曾、罗等多个国号，目前学界倾向于认为墓主是从属于吴国，并与吴王联姻的罗国贵族臧公家族。罗国原为汉淮之间的小国，春秋后期被楚吞并，其贵族臧公投奔吴国，吴王妻之以女，将其安置于吴楚边境的棠邑地区。程桥贵族墓的发现，直观地反映出春秋晚期南京江北地区诸国势力和文化碰撞与融合的状况。

南京高淳区的胥溪河北岸，春秋时期曾建有固城。《左传》明确提及固城——昭公十三年

（前529年，即楚灵王末年），楚国内乱，“启越大夫常寿过作乱，围固城”。对固城来历介绍最为清晰的是《太平寰宇记》所引《滕公庙记》的记载：“其城（固城）是吴濑渚县地。楚灵王与吴战，遂陷此城。……自平王听费无极佞言，伍员奔吴，阖庐用为将军，举兵破楚，楚奔南海。固城宫殿逾月烟焰不息，其城从兹废矣。”据此可知，濑渚县原为吴地，吴楚间多次易手。据《左传》记载，楚灵王率诸侯攻吴是在公元前538年，因而吴濑渚和固城之设应早与此年。濑渚与棠邑一样，是南京地区最早出现的行政建置之一；而濑渚的治所固城则是南京目前可知年代最早的城。今高淳区固城镇东北尚存一处固城遗址，已被列为全国重点文物保护单位。该城平面呈长方形，有内外两重，内城东西长200米、南北宽120米；外城东西长约1000米、南北宽约800米。2014—2015年，南京市考古工作者对该城进行了细致的考古勘探，证实该城主体为汉代所筑，未见早期遗迹，应为汉代溧阳县治旧址。春秋时期的固城还需另行探索。

在南京主城南部、中华门外长干里西侧现存一处高地，古称越王台、越台，现为越城遗址。此地扼守古秦淮河与长江的交汇口，地理位置同样十分关键。据《太平寰宇记》引《越绝书》的记载："故越城……'东瓯越王所立也。'即周元王四年，越相范蠡所筑。"又引《曹氏记》云："昔句践平吴后，遣兵戍之，仍筑此城。"该城规模不大，"周回二里八十步"。周元王四年，即公元前472年，在此前一年越王句践率军攻入姑苏、灭吴。越城则为越国占领南京后所筑，它为吴楚、吴越相争画上了句号，又为越楚相争拉开了序幕。距今约2500年的越城，是历史记载南京主城区最早出现的城址，南京建城史由此起算是以往学术界的共识。2017—2019年，南京市考古工作者对越城遗址进行了全面的考古发掘。虽然中心台地由于历代开发，早期遗迹破坏殆尽，未发现城墙遗迹。但是台地周围先后发现三道布局规整的环壕，严密地包围台地。环壕的存在间接证实了越台原为城址的记载是可信的。更重要的是，环壕内出土遗物经碳-14法测年，距今为3000年左右。这一最新证据说明，

南京越城遗址发现的西周早期环壕

范蠡所筑越城很可能是在吴国旧城基础上改筑的，该城真正的始筑者是西周时期的吴国，南京建城史有望提前500年。

点将台文化、湖熟文化等地方文化的培育、滋养，越城、固城、棠邑等早期城邑的不断涌现，是吴国及其文化能够强势崛起、雄霸一方的条件与表现。原史时代南京地区文明与国家的形成与发展的历程，无疑验证了苏秉琦先生所指出的中华文明“古文化、古城、古国”三步曲发展路径的正确性。

四、后吴时期越、楚、秦诸国对南京的影响

公元前473年越灭吴之时，中国已经进入了战国时代(前475—前221年)。公元前333年，楚国击败越国，尽取吴地。公元前222年，秦国又击败楚国，平定江南，在吴越故地置会稽郡。在吴国灭亡至秦国统一的250年间，越国与楚国分别经营南京地区百余年。

后吴时期越、楚对南京地区的经营，最大之贡献在于对秦淮河下游南京主城区的重视与开发，范蠡筑越城，而楚国设立了金陵邑。据《建康实录》记载：“建康者，本楚金陵邑。……越王无疆即位……，为楚威王所灭，其地又属楚。乃因山立号，置金陵邑也。楚之金陵，今石头城是也。”金陵邑是南京主城区首个行政建置，“金陵”这个称号从此与南京城市相伴，成为南京的别称。金陵邑以石头城为治所，也奠定了石头城在南京城市发展格局中的地位，影响深远。1950年代以来，南京多次发现楚国兵器、金币，还出土过战国时期楚式的铜砝码，这些都是楚国文化留在南京的实证。

2009年南京新街口工地出土的楚国金币“郢爰”

楚国给南京留下了“金陵”的名称，其来源后世文献提供了两种说法：一种是《建康实录》的观点，“或云地接华阳金坛之陵，故号金陵”。金指铜，陵为山，华阳金坛即今常州金坛和镇江句容之地，境内茅山(句曲)与南京相距很近，确实自古产铜。南朝梁陶弘景《真诰》载：“汉灵帝时，诏敕郡县采句曲之金，以充武库，逮孙权时，又遣宿卫人采金，常输官。”另一种是《太平寰宇记》引《金陵图经》的看法：“昔楚威王见此有王气，因埋金以镇之，故曰金陵。”

总体来看，从西周初年至春秋末年，伴随着吴国在宁镇、皖南地区的崛起，南京经历了历史上第一个发展高峰。其后经过战国的洗礼，秦汉400余年大统一，以南京为中心的江东地区成为中华大地的重要组成部分。不过，原史时代强势的吴国为本地区的发展留下了深厚的底蕴。公元229年，孙权定都南京（时称建业）。作为南方政权的都城，南京迎来了又一次大发展的重要契机。而孙权所选的国号，恰为吴国。

参考资料

［东周］左丘明撰，杨伯峻编著：《春秋左传注》，中华书局1990年版

［西汉］司马迁撰：《史记》，中华书局1959年版

［东汉］袁康撰，李步嘉校释：《越绝书校释》，中华书局2013年版

［东汉］赵晔撰：《吴越春秋》，江苏古籍出版社1999年版

南京博物院：《北阴阳营：新石器时代及商周时期遗址发掘报告》，文物出版社1993年版

南京市地方志编纂委员会主编：《南京建置志》，海天出版社1994年版

南京市博物馆、北京大学考古学系汤山考古发掘队：《南京人化石地点1993—1994》，文物出版社1996年版

邹厚本主编：《江苏考古五十年》，南京出版社2000年版

吴汝康、李星学主编：《南京直立人》，江苏科学技术出版社2002年版

任伟著：《西周封国考疑》，社会科学文献出版社2004年版

南京市博物馆编：《南京考古资料汇编》，凤凰出版社2013年版

张敏著：《吴越文化比较研究》，南京出版社2018年版

南京博物院：《记湖熟镇发现史前遗址》，《文物参考资料》，1951年第7期

尹焕章、张正祥：《宁镇山脉及秦淮地区新石器时代遗址普查报告》，《考古学报》，1959年第1期

林华东：《对湖熟文化正名、分期及其他》，《东南文化》，1990年第5期

葛治功：《溧水神仙洞一万年前陶片的发现及其意义》，《东南文化》，1990年第5期

南京市文物局等：《江苏高淳县薛城新石器时代遗址发掘简报》，《考古》，2000年第5期

房迎三：《江苏南部旧石器调查报告》，《东南文化》，2002年第1期

后记

历史的叙述离不开真实、可靠的史料。原始时代人类尚未发明文字；原史时代文字虽已出现，但吉光片羽，弥足珍贵。在上述两个时期，基于文献的传统史学皆难以发挥作用。正如夏鼐先生所言：“考古学是根据古代人类通过各种活动遗留下来的实物，以研究人类古代社会历史的一门科学。”在史前与原史阶段，考古学必须承担起发掘物质资料，构建民族和地区文化发展史的重任。

本书系统梳理了南京地区从旧石器时代至东周时期的发展过程，涵盖了原始与原史两大阶段。内容虽然简要，但每一段历史认识均以考古发现为依据。本书的编写工作参考了众多南京考古前辈与大家的研究成果，在此真诚致谢。

编者